MOLIÈRE

L'ÉCOLE DES MARIS

PARIS

Librairie des Bibliophiles

M DCCC LXXXIX

LES PIÈCES DE MOLIÈRE

———

L'ÉCOLE DES MARIS

TIRAGE A PETIT NOMBRE

Il a été tiré en outre :

20 exemplaires sur papier du Japon, avec triple épreuve de la gravure (nos 1 à 20).

25 exemplaires sur papier de Chine fort, avec double épreuve de la gravure (nos 21 à 45).

25 exemplaires sur papier Whatman, avec double épreuve de la gravure (nos 46 à 70).

70 exemplaires, numérotés.

Champollion d'après Louis Leloir

L'ÉCOLE DES MARIS.
(Acte III, Scène VII)

MOLIÈRE

L'ÉCOLE DES MARIS

COMÉDIE EN TROIS ACTES

AVEC UNE NOTICE ET DES NOTES

PAR

AUGUSTE VITU

Dessin de L. Leloir

GRAVÉ A L'EAU-FORTE PAR CHAMPOLLION

PARIS

LIBRAIRIE DES BIBLIOPHILES

Rue de Lille, 7

M DCCC LXXXIX

NOTICE

L'ÉCOLE DES MARIS

———

CECI est une pièce à thèse. Molière, faisant un pas décisif dans la comédie de mœurs, met en présence deux systèmes contraires employés pour l'éducation des filles : celui de la contrainte et de la défiance, aboutissant aux soupçons jaloux et aux mésaventures, en opposition à celui d'une honnête liberté, fondé sur la confiance et l'estime et conduisant au bonheur.

Deux jeunes orphelines, deux sœurs, ont été confiées par leur père mourant à deux frères, bourgeois de Paris, nommés Ariste et Sganarelle, qui se proposent de les épouser malgré la différence d'âge. Ariste, qui est l'aîné, ne voit pas de moyen plus sûr pour gagner, à défaut d'amour, l'estime et l'affection de la raisonnable Léonor que de la traiter en per-

L'École des Maris.   a

sonne libre et maîtresse d'elle-même; il lui permet les visites, les assemblées, les bals; il lui donne laquais et suivante, comme à une fille de condition; il souffre qu'elle se pare d'ajustements à la mode, et qu'elle aille leste et pimpante sous les regards des jeunes gens.

Sganarelle, au contraire, soumet la charmante Isabelle à une contrainte perpétuelle qui équivaut presque à une claustration; il l'habille de serge, et ne lui permet le noir que les jours de fête; les loisirs qu'il lui laisse sont de s'occuper aux choses du ménage, de recoudre le linge de son tuteur, et de tricoter quelques paires de bas.

Qu'arrive-t-il? C'est que les procédés d'Ariste touchent le cœur de Léonor, qui lui propose d'elle-même de devenir sa femme; tandis qu'Isabelle, désespérée, encourage les assiduités d'un jeune homme, et mène ses affaires avec tant de finesse et de volonté qu'elle arrive à épouser son Valère, à la barbe de Sganarelle, furieux et berné.

On a voulu voir dans L'ÉCOLE DES MARIS une imitation, ou du moins un souvenir des ADELPHES de Térence. Le rapprochement est juste quant aux deux frères Mitio et Demea : le premier, doux, civil et chéri de tout le monde; le second, brutal, sévère et généralement détesté. Ces deux frères ont chacun un fils, qu'ils élèvent, le premier avec toute l'indulgence possible, le second avec une étroite rigueur.

Mais là se borne toute la ressemblance. Deux gar-
çons ne sauraient amener aucune situation dont
Molière eût pu profiter pour mettre en contraste les
deux vieillards épris de leur pupille. Le plan des
ADELPHES n'aboutit d'ailleurs à aucune conclusion
morale. On pourrait croire que le fils de Mitio serait
un bon sujet, tandis que le fils de Demea tournerait
à mal. Il n'en est rien; ils tournent à mal tous les
deux, le premier profitant de la liberté que lui laisse
son père pour favoriser les déportements de son
ami. L'idée est assez plaisante, mais elle appartient
plutôt à la forme légère du vaudeville moderne qu'à
la véritable comédie.

L'intrigue de L'ÉCOLE DES MARIS, fort ingénieu-
sement ourdie, n'emprunte rien aux ADELPHES; c'est
dans la XXIIIe nouvelle de Boccace que Molière en
a rencontré le modèle. Mais avec quel art créateur
ne l'a-t-il pas renouvelée et embellie? L'héroïne de
Boccace est une dame de Florence, devenue passion-
nément amoureuse d'un jeune homme qu'elle voit
souvent en compagnie d'un moine; elle choisit celui-ci
pour confesseur, le prie d'engager son ami à ne plus
la fatiguer de ses obsessions, et le charge de lui
rendre une ceinture sur laquelle sont écrits ces mots :
« Je vous aime et n'ose vous le dire. » Isabelle ima-
gine de signaler à Sganarelle les prétendues assiduités
de Valère, à qui elle n'a jamais parlé; Sganarelle
va, sans autre réflexion, faire une espèce de scène à

Valère, qui, étonné d'abord, devine bientôt l'intention d'Isabelle; le tuteur, abusé par cette feinte, re-
porte innocemment à Valère une boîte qu'Isabelle
prétend tenir de lui, mais qui renferme une lettre où
la jeune fille lui ouvre son cœur. Ainsi, Sganarelle
est l'instrument aveugle de sa propre déconvenue, et
ce ressort, qui anime et soutient toute la pièce, plaira
tellement à Molière et au public qu'il le reprendra,
sauf variantes, dans L'ÉCOLE DES FEMMES.

Cette lettre charmante (acte II, sc. v) n'a pas été
perdue pour les successeurs immédiats ou lointains de
Molière : « Cette lettre vous surprendra sans doute,
et l'on peut trouver bien hardi pour moi et le dessein
de vous l'écrire, et la manière de vous la faire tenir;
mais je me vois dans un état où je ne dois plus garder de mesure... J'ai cru que je devois plutôt vous
choisir que le désespoir. » C'est Isabelle qui s'efforce
de pallier aux yeux de Valère l'imprudence d'une
démarche si contraire « à la pudeur du sexe ».
Quarante-trois ans plus tard, Agathe des FOLIES
AMOUREUSES n'écrira pas d'un autre style à son
Éraste : « Vous serez surpris du parti que je prends;
mais, l'esclavage où je me trouve devenant plus dur
chaque jour, j'ai cru qu'il m'étoit permis de tout
entreprendre. » Autre espace de soixante et onze an-
nées, et Rosine se justifiera à elle-même sa hardiesse,
en disant : « Mon excuse est dans mon malheur;
seule, enfermée, en butte à la persécution d'un homme

odieux, est-ce un crime de chercher à sortir d'esclavage? » — Il y a de l'écho ici! comme dit Figaro.
Le scenario du BARBIER DE SÉVILLE n'est pas le seul,
complété par une scène du SICILIEN, qu'ait engendré
L'ÉCOLE DES MARIS. Le groupe formé par Ariste, le
tuteur sexagénaire et sa pupille Léonor, isolé et traité
à part comme sujet principal, a fourni le thème de
la jolie comédie de Fagan, LA PUPILLE, laquelle a
reçu un nouveau développement et une physionomie
toute moderne dans LE PARISIEN de Gondinet, repré-
sentées l'une et l'autre à la Comédie-Française, la
première en 1739, la seconde en 1886. Ainsi vont
les fictions du conte et de la comédie, se modifiant
et se renouvelant à travers les âges.

On voit, pour nous en tenir à Molière, avec quelle
sûreté de génie il a su tirer parti de l'anecdote recueil-
lie par Boccace, et combien il l'a rendue plus intéres-
sante en l'épurant. Ce n'est plus une femme mariée
qui puise dans sa perversité de subtiles inventions
pour contenter sa passion adultère ; c'est une jeune
fille qui trouve dans son malheur des inspirations de
délivrance. L'honneur d'Isabelle est sans tache, et
Valère se montre digne d'elle. Guidée par une intui-
tion secrète, elle a pleine foi dans les intentions de
Valère ; c'est à bon droit qu'elle s'écrie :

O Ciel, sois-moi propice, et seconde en ce jour
Le stratagème adroit d'une innocente amour.

(Acte II, sc. I.)

Et lorsque Sganarelle, après son premier entretien avec Valère, la rassure ingénument sur les intentions du jeune homme et lui dit :

Je le trouve honnête homme et le plains de t'aimer,

Isabelle, remplie de joie, se dit tout bas en elle-même ces vers charmants et doux :

Ses feux ne trompent pas ma secrète croyance
Et toujours ses regards m'en ont dit l'innocence.

Il est nécessaire d'insister sur cette nuance, qui unit dans un même sentiment de délicatesse l'âme des deux amoureux, parce que des traditions invétérées sur nos grands théâtres littéraires tendent à l'obscurcir. Les jeux de scène, marqués sur les éditions postérieures à la première moitié du XVIIIᵉ siècle, n'existent pas dans l'édition originale non plus que dans les subséquentes ; ils sont d'ailleurs sobrement indiqués ; mais l'exécution les a chaque jour amplifiés et exagérés, de manière à dénaturer la pensée de l'illustre auteur. Par exemple, dans la scène IX du second acte, lorsque Isabelle prononce des vers à double sens que Sganarelle prend pour lui, tandis qu'elle donne furtivement sa main à baiser à Valère, on a vu, on voit encore certains acteurs dévorer cette main de baisers pendant des minutes entières, tandis que Valère, à qui elle engage sa foi, ne doit que l'effleurer avec un profond respect. Cailhava indiquait déjà cet abus en 1802, mais il était beaucoup plus ancien, témoin ces lignes peu remarquées, et cependant très intéressantes, qu'écrivait Grimarest en 1705 : « L'ÉCOLE DES MARIS est une des comédies que l'on verroit encore représenter aujourd'hui avec le plus de plaisir, si elle étoit jouée avec autant de feu et de délicatesse qu'elle l'étoit du temps de l'auteur. »

L'ÉCOLE DES MARIS fut donnée pour la première fois le vendredi 24 juin, sur le théâtre du Palais-Royal[1], avec un succès prodigieux, attesté par le chiffre des recettes, qui, de 410 livres à la première représentation, suivit une progression rapide : 650 livres le dimanche 26 ; 701 livres le mardi 28 ; 760 livres le mercredi 29 ; 812 livres le dimanche 3 juillet ; 1131 livres le vendredi 8 (quinze loges louées) ; 1132 livres le dimanche 10.

On voit qu'en ce temps bienheureux les chaleurs de l'été n'arrêtaient pas la vogue. Le samedi la troupe avait joué le nouveau chef-d'œuvre chez Mme de La Trémouille pour Mademoiselle (Anne-Marie-Louise d'Orléans), moyennant 220 livres. Mais au mois de juillet, où la cour et tous les grands étaient en villégiature, les comédiens durent se multiplier. Le lundi 11, ils partirent pour le château de Vaux, où le surintendant Fouquet donna la comédie à la

---

1. C'est la date incontestable et authentique ; on n'y insiste qu'à raison des erreurs qui se sont produites dans certaines éditions. Cailhava donne le 4 juin, et l'édition Baudouin frères le 14 juin.

reine d'Angleterre, à Monsieur et Madame, duc et duchesse d'Orléans. Loret nous a conservé le récit de cette « visite »[1].

> Outre concert et mélodie,
> Il (Fouquet) leur donne la comédie ;
> Sçavoir *l'École des Maris,*
> Charme, à présent, de tout Paris,
> Pièce nouvelle et fort prisée
> Que sieur Molier (*sic*) a composée,
> Sujet si riant et si beau
> Qu'il fallut qu'à Fontainebleau
> Cette troupe, ayant la pratique
> Du sérieux et du comique,
> Pour Reynes et Rois contenter,
> L'allât encor représenter.

Ce fut le mercredi 13 *juillet que* L'ÉCOLE DES MARIS *fut jouée à Fontainebleau devant le roi, avec* LE COCU IMAGINAIRE, *dans le jour ; le soir on recommença le spectacle chez la surintendante (Marie-Madeleine de Castille, seconde femme de Nicolas Fouquet). Ce n'était pas tout. Le lendemain jeudi le marquis de Richelieu (Jean-Baptiste Amador de Vignerod, mort l'année suivante) arrêta la troupe pour jouer devant les filles de la reine, entre lesquelles était M*lle* de La Motte d'Argencourt ; cette*

---

1. Lettre XXVIII, du 17 juillet 1661, mal à propos datée du samedi ; le 17 juillet était un dimanche. L'édition Baudouin place inexactement la représentation de Vaux avant celle du Palais-Royal.

remarque de La Grange, à propos d'une personne connue par ses aventures, ne laisse pas que de donner à penser. Cette galanterie coûta 80 pistoles d'or, soit 880 livres, au marquis de Richelieu. Le surintendant avait donné 1500 livres. La troupe revint à Paris la nuit, arriva à Essonnes le vendredi 15 à la pointe du jour et à midi au Palais-Royal, pour jouer cette fameuse ÉCOLE DES MARIS avec HUON DE BORDEAUX, de Gilbert, qu'on avait affichés. On voit que Molière et ses compagnons ne plaignaient pas leurs peines ; le succès éclatant et les fructueux partages les en dédommageaient.

L'ÉCOLE DES MARIS fut jouée trente-deux fois de suite, du 24 juin au 16 septembre, soit pendant huit semaines, à quatre représentations par semaine à l'exclusion de toute autre pièce. Dans cette récapitulation ne sont pas comprises les visites à Paris, à Vaux et à Fontainebleau.

Les comédiens nageaient dans l'abondance. On en peut juger par les comptes personnels de La Grange qui, durant cette période fortunée, toucha pour sa part un peu plus de 1367 livres, émoluments considérables pour le temps. La Grange ne fait pas mention de droits d'auteur au profit de Molière ; mais depuis le lendemain de la dernière fête de Pâques, c'est-à-dire du lundi 25 avril 1661, Molière avait demandé et obtenu deux parts au lieu d'une pour lui ou sa femme s'il se mariait, prévision qui ne se réalisa

b

que l'année suivante, et l'association se trouva divisée en treize parts.

Le nom d'Armande - Grésinde - Claire - Élisabeth Béjart ou Béjard[1] n'apparaît sur les registres de la troupe qu'à partir de Pâques 1662. Est-ce à dire qu'elle n'ait pas débuté après Pâques 1661 en attendant le mariage? c'est un problème qu'on peut poser sans nul espoir de le résoudre. On lui distribue, sans l'ombre d'une preuve, le rôle de Léonor de L'ÉCOLE DES MARIS. On est également embarrassé pour admettre cette hypothèse ou la combattre, étant donné surtout que Léonor trouvait dans l'ancienne troupe deux interprètes au choix, Mlle du Parc en première ligne, et subsidiairement Mlle Hervé (Geneviève Béjart). Sous cette réserve, voici la distribution la plus probable (l'astérisque* indique la certitude).

* Sganarelle	MOLIÈRE.
Ariste	L'ÉPY.
* Valère	LA GRANGE.
* Ergaste.	DU PARC.
* Un commissaire. . .	DE BRIE.
Un notaire	DU CROISY.
* Isabelle.	Mlle DE BRIE.
Léonor.	{ DU PARC? { ARMANDE BÉJART?
* Lisette	MADELEINE BÉJART.

L'édition originale de L'ÉCOLE DES MARIS fut

---

1. Mme Molière signe tantôt Béjart, tantôt Béjard; il en est de même des autres personnes de sa famille.

achevée d'imprimer le 20 avril 1661, en vertu d'un privilège sollicité et obtenu par Molière le 9 juillet précédent. C'est la troisième pièce que Molière ait imprimée, après LES PRÉCIEUSES RIDICULES et SGANA-RELLE. Il y a des exemplaires de cette première édition au nom des libraires Claude Barbin, Gabriel Quinet et Guillaume de Luynes. Molière, dans sa requête à fin de privilège, invoqua le souvenir de son procès avec Jean Ribou à propos de SGANARELLE. On dirait que Molière avait quelque hésitation à se faire imprimer, car il croyait chaque fois nécessaire d'alléguer une raison déterminante autre que son droit pur et simple.

L'ÉCOLE DES MARIS est une des comédies de Molière les mieux établies dans les sympathies du public et que les spectateurs des deux Théâtres-Français revoient avec le plus de plaisir. La fraîcheur des idées et la grâce piquante d'un dialogue incomparable lui assurent, après deux cent vingt-neuf ans révolus, une éternelle jeunesse.

AUGUSTE VITU.

L'ÉCOLE DES MARIS

COMÉDIE EN TROIS ACTES

EN VERS

A MONSEIGNEUR

LE DUC D'ORLÉANS

FRÈRE UNIQUE DU ROI

MONSEIGNEUR,

JE fais voir ici à la France des choses bien peu proportionnées. Il n'est rien de si grand et de si superbe que le nom que je mets à la tête de ce livre, et rien de plus bas que ce qu'il contient. Tout le monde trouvera cet assemblage étrange, et quelques-uns pourront bien dire, pour en exprimer l'inégalité, que c'est poser une couronne de perles et de diamants sur une statue de terre, et faire entrer par des portiques magnifiques et des arcs triomphaux superbes dans une méchante cabane. Mais, MONSEIGNEUR, ce qui doit me servir d'excuse, c'est qu'en cette aventure je n'ai eu aucun choix à faire, et que l'honneur que j'ai d'être à VOTRE ALTESSE ROYALE m'a imposé une nécessité absolue de lui dédier le premier ouvrage que je mets de moi-même au jour. Ce n'est pas un présent que je lui fais, c'est un devoir dont je m'acquitte ; et les hommages ne sont jamais regardés par les choses qu'ils portent. J'ai donc osé, MONSEIGNEUR, dédier une bagatelle à VOTRE ALTESSE ROYALE, parce que je n'ai pu m'en dispenser ; et, si je me dispense ici de m'étendre sur les belles et glorieuses vérités qu'on pourroit dire *d'Elle, c'est par la juste appréhension que ces grandes idées ne fissent éclater encore davantage la bassesse de mon offrande. Je me suis imposé silence pour trouver un endroit plus propre à placer de si belles choses, et tout ce que j'ai prétendu dans cette épître, c'est de justifier mon action à toute la France, et d'avoir cette gloire de vous dire à vous-même, MONSEIGNEUR, avec toute la soumission possible, que je suis*

De Votre Altesse Royale

Le très humble, très obéissant et très fidèle serviteur,

J.-B. P. MOLIÈRE.

LES PERSONNAGES

SGANARELLE, } frères.
ARISTE,

ISABELLE, } sœurs.
LÉONOR,

LISETTE, suivante de Léonor.

VALÈRE, amant d'Isabelle.

ERGASTE, valet de Valère.

LE COMMISSAIRE.

LE NOTAIRE.

La scène est à Paris.

L'ÉCOLE
DES MARIS

ACTE PREMIER

SCÈNE PREMIÈRE

SGANARELLE, ARISTE.

SGANARELLE.

Mon frère, s'il vous plaît, ne discourons point tant,
Et que chacun de nous vive comme il l'entend;
Bien que sur moi des ans vous ayez l'avantage
Et soyez assez vieux pour devoir être sage,
Je vous dirai pourtant que mes intentions
Sont de ne prendre point de vos corrections,
Que j'ai pour tout conseil ma fantaisie à suivre,
Et me trouve fort bien de ma façon de vivre.

ARISTE.

Mais chacun la condamne.

SGANARELLE.

Oui, des fous comme vous,
Mon frère.

ARISTE.

Grand merci : le compliment est doux.

SGANARELLE.

Je voudrois bien savoir, puisqu'il faut tout entendre,
Ce que ces beaux censeurs en moi peuvent reprendre.

ARISTE.

Cette farouche humeur, dont la sévérité
Fuit toutes les douceurs de la société,
A tous vos procédés inspire un air bizarre,
Et, jusques à l'habit, vous rend chez vous barbare.

SGANARELLE.

Il est vrai qu'à la mode il faut m'assujettir,
Et ce n'est pas pour moi que je me dois vêtir !
Ne voudriez-vous point, par vos belles sornettes,
Monsieur mon frère aîné (car, Dieu merci, vous l'êtes
D'une vingtaine d'ans, à ne vous rien celer,
Et cela ne vaut pas la peine d'en parler),
Ne voudriez-vous point, dis-je, sur ces matières
De vos jeunes muguets m'inspirer les manières,
M'obliger à porter de ces petits chapeaux
Qui laissent éventer leurs débiles cerveaux,
Et de ces blonds cheveux de qui la vaste enflure
Des visages humains offusque la figure ;
De ces petits pourpoints sous les bras se perdants,

Et de ces grands collets jusqu'au nombril pendants ;
De ces manches qu'à table on voit tâter les sauces
Et de ces cotillons appelés hauts-de-chausses ;
De ces souliers mignons, de rubans revêtus,
Qui vous font ressembler à des pigeons pattus,
Et de ces grands canons, où, comme en des entraves,
On met tous les matins ses deux jambes esclaves,
Et par qui nous voyons ces messieurs les galants
Marcher écarquillés ainsi que des volants ?
Je vous plairois sans doute équipé de la sorte,
Et je vous vois porter les sottises qu'on porte.

ARISTE.

Toujours au plus grand nombre on doit s'accommoder,
Et jamais il ne faut se faire regarder.
L'un et l'autre excès choque, et tout homme bien sage
Doit faire des habits ainsi que du langage,
N'y rien trop affecter, et, sans empressement,
Suivre ce que l'usage y fait de changement.
Mon sentiment n'est pas qu'on prenne la méthode
De ceux qu'on voit toujours renchérir sur la mode,
Et qui dans ses excès, dont ils sont amoureux,
Seroient fâchés qu'un autre eût été plus loin qu'eux ;
Mais je tiens qu'il est mal, sur quoi que l'on se fonde,
De fuir obstinément ce que suit tout le monde,
Et qu'il vaut mieux souffrir d'être au nombre des fous
Que du sage parti se voir seul contre tous.

SGANARELLE.

Cela sent son vieillard qui, pour en faire accroire,
Cache ses cheveux blancs d'une perruque noire.

ARISTE.

C'est un étrange fait du soin que vous prenez
A me venir toujours jeter mon âge au nez,
Et qu'il faille qu'en moi sans cesse je vous voie
Blâmer l'ajustement aussi bien que la joie,
Comme si, condamnée à ne plus rien chérir,
La vieillesse devoit ne songer qu'à mourir,
Et d'assez de laideur n'est pas accompagnée
Sans se tenir encor malpropre et rechignée.

SGANARELLE.

Quoi qu'il en soit, je suis attaché fortement
A ne démordre point de mon habillement :
Je veux une coiffure, en dépit de la mode,
Sous qui toute ma tête ait un abri commode ;
Un bon pourpoint bien long et fermé comme il faut,
Qui, pour bien digérer, tienne l'estomac chaud ;
Un haut-de-chausses fait justement pour ma cuisse,
Des souliers où mes pieds ne soient point au supplice,
Ainsi qu'en ont usé sagement nos aïeux.
Et qui me trouve mal n'a qu'à fermer les yeux.

SCÈNE II

LÉONOR, ISABELLE, LISETTE, ARISTE, SGANARELLE.

LÉONOR, *à Isabelle.*

Je me charge de tout, en cas que l'on vous gronde.

LISETTE, *à Isabelle.*

Toujours dans une chambre à ne point voir le monde?

ISABELLE.

Il est ainsi bâti.

LÉONOR.

Je vous en plains, ma sœur.

LISETTE.

Bien vous prend que son frère ait toute une autre humeur,
Madame, et le destin vous fut bien favorable
En vous faisant tomber aux mains du raisonnable.

ISABELLE.

C'est un miracle encor qu'il ne m'ait aujourd'hui
Enfermée à la clef ou menée avec lui.

LISETTE.

Ma foi, je l'envoirois au diable avec sa fraise,
Et...

SGANARELLE.

Où donc allez-vous, qu'il ne vous en déplaise?

LÉONOR.

Nous ne savons encore, et je pressois ma sœur
De venir du beau temps respirer la douceur;
Mais...

SGANARELLE.

Pour vous, vous pouvez aller où bon vous semble;
Vous n'avez qu'à courir, vous voilà deux ensemble;
Mais vous, je vous défends, s'il vous plaît, de sortir.

ARISTE.

Eh! laissez-les, mon frère, aller se divertir.

SGANARELLE.

Je suis votre valet, mon frère.

ARISTE.

La jeunesse

Veut...

SGANARELLE.

La jeunesse est sotte, et parfois la vieillesse.

ARISTE.

Croyez-vous qu'elle est mal d'être avec Léonor?

SGANARELLE.

Non pas, mais avec moi je la crois mieux encor.

ARISTE.

Mais...

SGANARELLE.

Mais ses actions de moi doivent dépendre,
Et je sais l'intérêt, enfin, que j'y dois prendre.

ARISTE.

A celles de sa sœur ai-je un moindre intérêt?

SGANARELLE.

Mon Dieu, chacun raisonne et fait comme il lui plaît.
Elles sont sans parents, et notre ami leur père
Nous commit leur conduite à son heure dernière,
Et, nous chargeant tous deux ou de les épouser,
Ou, sur notre refus, un jour d'en disposer,
Sur elles, par contrat, nous sut, dès leur enfance,
Et de père et d'époux donner pleine puissance.
D'élever celle-là vous prîtes le souci,
Et moi je me chargeai du soin de celle-ci :
Selon vos volontés vous gouvernez la vôtre,

Laissez-moi, je vous prie, à mon gré régir l'autre.

ARISTE.

Il me semble...

SGANARELLE.

Il me semble, et je le dis tout haut,
Que sur un tel sujet c'est parler comme il faut.
Vous souffrez que la vôtre aille leste et pimpante,
Je le veux bien; qu'elle ait et laquais et suivante,
J'y consens; qu'elle coure, aime l'oisiveté,
Et soit des damoiseaux fleurée en liberté,
J'en suis fort satisfait; mais j'entends que la mienne
Vive à ma fantaisie, et non pas à la sienne;
Que d'une serge honnête elle ait son vêtement,
Et ne porte le noir qu'aux bons jours seulement;
Qu'enfermée au logis, en personne bien sage,
Elle s'applique toute aux choses du ménage,
A recoudre mon linge aux heures de loisir,
Ou bien à tricoter quelque bas par plaisir;
Qu'aux discours des muguets elle ferme l'oreille,
Et ne sorte jamais sans avoir qui la veille.
Enfin la chair est foible, et j'entends tous les bruits;
Je ne veux point porter de cornes, si je puis,
Et, comme à m'épouser sa fortune l'appelle,
Je prétends corps pour corps pouvoir répondre d'elle.

ISABELLE.

Vous n'avez pas sujet, que je crois...

SGANARELLE.

Taisez-vous;
Je vous apprendrai bien s'il faut sortir sans nous.

LÉONOR.

Quoi donc, Monsieur...?

SGANARELLE.

Mon Dieu, Madame, sans langag
Je ne vous parle pas, car vous êtes trop sage.

LÉONOR.

Voyez-vous Isabelle avec nous à regret?

SGANARELLE.

Oui, vous me la gâtez, puisqu'il faut parler net.
Vos visites ici ne font que me déplaire,
Et vous m'obligerez de ne nous en plus faire.

LÉONOR.

Voulez-vous que mon cœur vous parle net aussi?
J'ignore de quel œil elle voit tout ceci,
Mais je sais ce qu'en moi feroit la défiance,
Et, quoiqu'un même sang nous ait donné naissance,
Nous sommes bien peu sœurs s'il faut que chaque jour
Vos manières d'agir lui donnent de l'amour.

LISETTE.

En effet, tous ces soins sont des choses infâmes.
Sommes-nous chez les Turcs, pour renfermer les femmes?
Car on dit qu'on les tient esclaves en ce lieu,
Et que c'est pour cela qu'ils sont maudits de Dieu.
Notre honneur est, Monsieur, bien sujet à foiblesse,
S'il faut qu'il ait besoin qu'on le garde sans cesse.
Pensez-vous, après tout, que ces précautions
Servent de quelque obstacle à nos intentions,
Et, quand nous nous mettons quelque chose à la tête,

Que l'homme le plus fin ne soit pas une bête?
Toutes ces gardes-là sont visions de fous;
Le plus sûr est, ma foi, de se fier en nous.
Qui nous gêne se met en un péril extrême,
Et toujours notre honneur veut se garder lui-même.
C'est nous inspirer presque un désir de pécher
Que montrer tant de soins de nous en empêcher,
Et, si par un mari je me voyois contrainte,
J'aurois fort grande pente à confirmer sa crainte.

SGANARELLE, *à Ariste.*

Voilà, beau précepteur, votre éducation,
Et vous souffrez cela sans nulle émotion.

ARISTE.

Mon frère, son discours ne doit que faire rire;
Elle a quelque raison en ce qu'elle veut dire.
Leur sexe aime à jouir d'un peu de liberté;
On le retient fort mal par tant d'austérité,
Et les soins défiants, les verrous et les grilles,
Ne font pas la vertu des femmes ni des filles.
C'est l'honneur qui les doit tenir dans le devoir,
Non la sévérité que nous leur faisons voir.
C'est une étrange chose, à vous parler sans feinte,
Qu'une femme qui n'est sage que par contrainte;
En vain sur tous ses pas nous prétendons régner,
Je trouve que le cœur est ce qu'il faut gagner,
Et je ne tiendrois, moi, quelque soin qu'on se donne,
Mon honneur guère sûr aux mains d'une personne
A qui, dans les désirs qui pourroient l'assaillir,
Il ne manqueroit rien qu'un moyen de faillir.

SGANARELLE.

Chansons que tout cela!

ARISTE.

Soit; mais je tiens sans cesse
Qu'il nous faut en riant instruire la jeunesse,
Reprendre ses défauts avec grande douceur,
Et du nom de vertu ne lui point faire peur.
Mes soins pour Léonor ont suivi ces maximes :
Des moindres libertés je n'ai point fait des crimes,
A ses jeunes désirs j'ai toujours consenti,
Et je ne m'en suis point, grâce au Ciel, repenti.
J'ai souffert qu'elle ait vu les belles compagnies,
Les divertissements, les bals, les comédies :
Ce sont choses, pour moi, que je tiens de tout temps
Fort propres à former l'esprit des jeunes gens ;
Et l'école du monde en l'air dont il faut vivre
Instruit mieux, à mon gré, que ne fait aucun livre.
Elle aime à dépenser en habits, linge et nœuds :
Que voulez-vous? je tâche à contenter ses vœux,
Et ce sont des plaisirs qu'on peut, dans nos familles,
Lorsque l'on a du bien, permettre aux jeunes filles.
Un ordre paternel l'oblige à m'épouser,
Mais mon dessein n'est pas de la tyranniser;
Je sais bien que nos ans ne se rapportent guère,
Et je laisse à son choix liberté tout entière.
Si quatre mille écus de rente bien venants,
Une grande tendresse et des soins complaisants
Peuvent, à son avis, pour un tel mariage,
Réparer entre nous l'inégalité d'âge,

Elle peut m'épouser; sinon, choisir ailleurs :
Je consens que sans moi ses destins soient meilleurs,
Et j'aime mieux la voir sous un autre hyménée .
Que si contre son gré sa main m'étoit donnée.

SGANARELLE.

Hé! qu'il est doucereux! c'est tout sucre et tout miel.

ARISTE.

Enfin, c'est mon humeur, et j'en rends grâce au Ciel;
Je ne suivrois jamais ces maximes sévères
Qui font que les enfants comptent les jours des pères.

SGANARELLE.

Mais ce qu'en la jeunesse on prend de liberté
Ne se retranche pas avec facilité,
Et tous ses sentiments suivront mal votre envie
Quand il faudra changer sa manière de vie.

ARISTE.

Et pourquoi la changer?

SGANARELLE.

Pourquoi?

ARISTE.

Oui.

SGANARELLE.

Je ne sais.

ARISTE.

Y voit-on quelque chose où l'honneur soit blessé?

SGANARELLE.

Quoi! si vous l'épousez, elle pourra prétendre
Les mêmes libertés que fille on lui voit prendre?

ARISTE.

Pourquoi non?

SGANARELLE.

Vos désirs lui seront complaisants
Jusques à lui laisser et mouches et rubans?

ARISTE.

Sans doute.

SGANARELLE.

A lui souffrir en cervelle troublée
De courir tous les bals et les lieux d'assemblée?

ARISTE.

Oui vraiment.

SGANARELLE.

Et chez vous iront les damoiseaux?

ARISTE.

Et quoi donc?

SGANARELLE.

Qui joueront et donneront cadeaux?

ARISTE.

D'accord.

SGANARELLE.

Et votre femme entendra les fleurettes?

ARISTE.

Fort bien.

SGANARELLE.

Et vous verrez ces visites muguettes
D'un œil à témoigner de n'en être point soû?

ARISTE.

Cela s'entend.

SGANARELLE.

Allez, vous êtes un vieux fou.

(*A Isabelle.*)

Rentrez, pour n'ouïr point cette pratique infâme.

ARISTE.

Je veux m'abandonner à la foi de ma femme,
Et prétends toujours vivre ainsi que j'ai vécu.

SGANARELLE.

Que j'aurai de plaisir si l'on le fait cocu !

ARISTE.

J'ignore pour quel sort mon astre m'a fait naître ;
Mais je sais que pour vous, si vous manquez de l'être,
On ne vous en doit point imputer le défaut,
Car vos soins pour cela font bien tout ce qu'il faut.

SGANARELLE.

Riez donc, beau rieur ! Oh ! que cela doit plaire
De voir un goguenard presque sexagénaire !

LÉONOR.

Du sort dont vous parlez je le garantis, moi,
S'il faut que par l'hymen il reçoive ma foi :
Il s'y peut assurer ; mais sachez que mon âme
Ne répondroit de rien si j'étois votre femme.

LISETTE.

C'est conscience à ceux qui s'assurent en nous ;
Mais c'est pain bénit, certe, à des gens comme vous.

SGANARELLE.

Allez, langue maudite et des plus mal apprises.

ARISTE.

Vous vous êtes, mon frère, attiré ces sottises.

Adieu. Changez d'humeur, et soyez averti
Que renfermer sa femme est le mauvais parti.
Je suis votre valet.

SGANARELLE.

Je ne suis pas le vôtre.
Oh! que les voilà bien tous formés l'un pour l'autre!
Quelle belle famille! Un vieillard insensé
Qui fait le dameret dans un corps tout cassé,
Une fille maîtresse et coquette suprême,
Des valets impudents : non, la sagesse même
N'en viendroit pas à bout, perdroit sens et raison
A vouloir corriger une telle maison.
Isabelle pourroit perdre, dans ces hantises,
Les semences d'honneur qu'avec nous elle a prises,
Et, pour l'en empêcher, dans peu nous prétendons
Lui faire aller revoir nos choux et nos dindons.

SCÈNE III

ERGASTE, VALÈRE, SGANARELLE.

VALÈRE.

Ergaste, le voilà, cet Argus que j'abhorre,
Le sévère tuteur de celle que j'adore.

SGANARELLE.

N'est-ce pas quelque chose enfin de surprenant
Que la corruption des mœurs de maintenant?

VALÈRE.

Je voudrois l'accoster, s'il est en ma puissance,

Et tâcher de lier avec lui connoissance.

SGANARELLE.

Au lieu de voir régner cette sévérité
Qui composoit si bien l'ancienne honnêteté,
La jeunesse en ces lieux, libertine, absolue,
Ne prend...

VALÈRE.

Il ne voit pas que c'est lui qu'on salue.

ERGASTE.

Son mauvais œil, peut-être, est de ce côté-ci :
Passons du côté droit.

SGANARELLE.

Il faut sortir d'ici.
Le séjour de la ville en moi ne peut produire
Que des...

VALÈRE.

Il faut chez lui tâcher de m'introduire.

SGANARELLE.

Heu! j'ai cru qu'on parloit. Aux champs, grâces aux Cieux,
Les sottises du temps ne blessent point mes yeux.

ERGASTE.

Abordez-le.

SGANARELLE.

Plaît-il? Les oreilles me cornent.
Là, tous les passe-temps de nos filles se bornent...
Est-ce à nous?

ERGASTE.

Approchez.

SGANARELLE.

Là, nul godelureau
Ne vient... Que diable!... encor? que de coups de chapeau!

VALÈRE.

Monsieur, un tel abord vous interrompt peut-être?

SGANARELLE.

Cela se peut.

VALÈRE.

Mais quoi? l'honneur de vous connaître
Est un si grand bonheur, est un si doux plaisir,
Que de vous saluer j'avois un grand désir.

SGANARELLE.

Soit.

VALÈRE.

Et de vous venir, mais sans nul artifice,
Assurer que je suis tout à votre service.

SGANARELLE.

Je le crois.

VALÈRE.

J'ai le bien d'être de vos voisins,
Et j'en dois rendre grâce à mes heureux destins.

SGANARELLE.

C'est bien fait.

VALÈRE.

Mais, Monsieur, savez-vous les nouvelles
Que l'on dit à la cour, et qu'on tient pour fidèles?

SGANARELLE.

Que m'importe?

VALÈRE.

Il est vrai; mais pour les nouveautés
On peut avoir parfois des curiosités.
Vous irez voir, Monsieur, cette magnificence
Que de notre Dauphin prépare la naissance?

SGANARELLE.

Si je veux.

VALÈRE.

Avouons que Paris nous fait part
De cent plaisirs charmants qu'on n'a point autre part;
Les provinces auprès sont des lieux solitaires.
A quoi donc passez-vous le temps?

SGANARELLE.

A mes affaires.

VALÈRE.

L'esprit veut du relâche, et succombe parfois
Par trop d'attachement aux sérieux emplois.
Que faites-vous les soirs avant qu'on se retire?

SGANARELLE.

Ce qui me plaît.

VALÈRE.

Sans doute, on ne peut pas mieux dire:
Cette réponse est juste, et le bon sens paraît
A ne vouloir jamais faire que ce qui plaît.
Si je ne vous croyois l'âme trop occupée,
J'irois parfois chez vous passer l'après-soupée.

SGANARELLE.

Serviteur.

SCÈNE IV

VALÈRE, ERGASTE.

VALÈRE.

Que dis-tu de ce bizarre fou?

ERGASTE.

Il a le repart brusque et l'accueil loup-garou.

VALÈRE.

Ah! j'enrage.

ERGASTE.

Et de quoi?

VALÈRE.

De quoi? C'est que j'enrage
De voir celle que j'aime au pouvoir d'un sauvage,
D'un dragon surveillant, dont la sévérité
Ne lui laisse jouir d'aucune liberté.

ERGASTE.

C'est ce qui fait pour vous, et sur ces conséquences
Votre amour doit fonder de grandes espérances.
Apprenez, pour avoir votre esprit raffermi,
Qu'une femme qu'on garde est gagnée à demi,
Et que les noirs chagrins des maris ou des pères
Ont toujours du galand avancé les affaires.
Je coquette fort peu, c'est mon moindre talent,
Et de profession je ne suis point galant;
Mais j'en ai servi vingt de ces chercheurs de proie,
Qui disoient fort souvent que leur plus grande joie

Étoit de rencontrer de ces maris fâcheux
Qui jamais sans gronder ne reviennent chez eux,
De ces brutaux fieffés qui, sans raison ni suite,
De leurs femmes en tout contrôlent la conduite,
Et, du nom de mari fièrement se parants,
Leur rompent en visière aux yeux des soupirants.
« On en sait, disent-ils, prendre ses avantages,
Et l'aigreur de la dame à ces sortes d'outrages,
Dont la plaint doucement le complaisant témoin,
Est un champ à pousser les choses assez loin. »
En un mot, ce vous est une attente assez belle
Que la sévérité du tuteur d'Isabelle.

VALÈRE.

Mais, depuis quatre mois que je l'aime ardemment,
Je n'ai pour lui parler pu trouver un moment.

ERGASTE.

L'amour rend inventif; mais vous ne l'êtes guère,
Et si j'avois été...

VALÈRE.

Mais qu'aurois-tu pu faire,
Puisque sans ce brutal on ne la voit jamais,
Et qu'il n'est là dedans servantes ni valets
Dont, par l'appas flatteur de quelque récompense,
Je puisse pour mes feux ménager l'assistance?

ERGASTE.

Elle ne sait donc pas encor que vous l'aimez?

VALÈRE.

C'est un point dont mes vœux ne sont point informés.
Partout où ce farouche a conduit cette belle,

Elle m'a toujours vu comme une ombre après elle,
Et mes regards aux siens ont tâché chaque jour
De pouvoir expliquer l'excès de mon amour.
Mes yeux ont fort parlé ; mais qui me peut apprendre
Si leur langage enfin a pu se faire entendre ?

ERGASTE.

Ce langage, il est vrai, peut être obscur parfois,
S'il n'a pour truchement l'écriture ou la voix.

VALÈRE.

Que faire pour sortir de cette peine extrême,
Et savoir si la belle a connu que je l'aime ?
Dis-m'en quelque moyen.

ERGASTE.

C'est ce qu'il faut trouver.
Entrons un peu chez vous afin d'y mieux rêver.

ACTE II

SCÈNE PREMIÈRE

ISABELLE, SGANARELLE.

SGANARELLE.

Va, je sais la maison et connois la personne
Aux marques seulement que ta bouche me donne.

ISABELLE, *à part.*

O Ciel, sois-moi propice, et seconde, en ce jour,
Le stratagème adroit d'une innocente amour.

SGANARELLE.

Dis-tu pas qu'on t'a dit qu'il s'appelle Valère?

ISABELLE.

Oui.

SGANARELLE.

Va, sois en repos, rentre, et me laisse faire;
Je vais parler sur l'heure à ce jeune étourdi.

ISABELLE.

Je fais, pour une fille, un projet bien hardi;

Mais l'injuste rigueur dont envers moi l'on use
Dans tout esprit bien fait me servira d'excuse.

SCÈNE II

SGANARELLE, ERGASTE, VALÈRE.

SGANARELLE.

Ne perdons point de temps. C'est ici. Qui va là ?
Bon, je rêve. Holà ! dis-je, holà ! quelqu'un ! holà !
Je ne m'étonne pas, après cette lumière,
S'il y venoit tantôt de si douce manière ;
Mais je veux me hâter, et de son fol espoir...
            (*Ergaste sort brusquement.*)
Peste soit du gros bœuf qui, pour me faire choir,
Se vient devant mes pas planter comme une perche !

VALÈRE.

Monsieur, j'ai du regret...

SGANARELLE.

                    Ah ! c'est vous que je cherche.

VALÈRE.

Moi, Monsieur ?

SGANARELLE.

                    Vous. Valère est-il pas votre nom ?

VALÈRE.

Oui.

SGANARELLE.

Je viens vous parler, si vous le trouvez bon.

VALÈRE.

Puis-je être assez heureux pour vous rendre service?

SGANARELLE.

Non; mais je prétends, moi, vous rendre un bon office,
Et c'est ce qui chez vous prend droit de m'amener.

VALÈRE.

Chez moi, Monsieur?

SGANARELLE.

Chez vous. Faut-il tant s'étonner?

VALÈRE.

J'en ai bien du sujet, et mon âme ravie
De l'honneur...

SGANARELLE.

Laissons là cet honneur, je vous prie.

VALÈRE.

Voulez-vous pas entrer?

SGANARELLE.

Il n'en est pas besoin.

VALÈRE.

Monsieur, de grâce!

SGANARELLE.

Non, je n'irai pas plus loin.

VALÈRE.

Tant que vous serez là, je ne puis vous entendre.

SGANARELLE.

Moi, je n'en veux bouger.

VALÈRE.

Eh bien, il se faut rendre.

Vite, puisque Monsieur à cela se résout,

Donnez un siège ici.

SGANARELLE.

                Je veux parler debout.

VALÈRE.

Vous souffrir de la sorte?

SGANARELLE.

                Ah! contrainte effroyable!

VALÈRE.

Cette incivilité seroit trop condamnable.

SGANARELLE.

C'en est une que rien ne sauroit égaler,
De n'ouïr pas les gens qui veulent nous parler.

VALÈRE.

Je vous obéis donc.

SGANARELLE.

              Vous ne sauriez mieux faire;
Tant de cérémonie est fort peu nécessaire.
Voulez-vous m'écouter?

VALÈRE.

              Sans doute, et de grand cœur.

SGANARELLE.

Savez-vous, dites-moi, que je suis le tuteur
D'une fille assez jeune, et passablement belle,
Qui loge en ce quartier, et qu'on nomme Isabelle?

VALÈRE.

Oui.

SGANARELLE.

Si vous le savez, je ne vous l'apprends pas.
Mais savez-vous aussi, lui trouvant des appas,

Qu'autrement qu'en tuteur sa personne me touche,
Et qu'elle est destinée à l'honneur de ma couche?

VALÈRE.

Non.

SGANARELLE.

Je vous l'apprends donc, et qu'il est à propos
Que vos feux, s'il vous plaît, la laissent en repos.

VALÈRE.

Qui? moi, Monsieur?

SGANARELLE.

Oui, vous; mettons bas toute feinte.

VALÈRE.

Qui vous a dit que j'ai pour elle l'âme atteinte?

SGANARELLE.

Des gens à qui l'on peut donner quelque crédit.

VALÈRE.

Mais encore?

SGANARELLE.

Elle-même.

VALÈRE.

Elle?

SGANARELLE.

Elle; est-ce assez dit?
Comme une fille honnête, et qui m'aime d'enfance,
Elle vient de m'en faire entière confidence,
Et de plus m'a chargé de vous donner avis
Que, depuis que par vous tous ses pas sont suivis,
Son cœur, qu'avec excès votre poursuite outrage,
N'a que trop de vos yeux entendu le langage;

Que vos secrets désirs lui sont assez connus,
Et que c'est vous donner des soucis superflus
De vouloir davantage expliquer une flamme
Qui choque l'amitié que me garde son âme.

VALÈRE.

C'est elle, dites-vous, qui de sa part vous fait...

SGANARELLE.

Oui, vous venir donner cet avis franc et net;
Et qu'ayant vu l'ardeur dont votre âme est blessée,
Elle vous eût plus tôt fait savoir sa pensée
Si son cœur avoit eu, dans son émotion,
A qui pouvoir donner cette commission;
Mais qu'enfin les douleurs d'une contrainte extrême
L'ont réduite à vouloir se servir de moi-même
Pour vous rendre averti, comme je vous ai dit,
Qu'à tout autre que moi son cœur est interdit,
Que vous avez assez joué de la prunelle,
Et que, si vous avez tant soit peu de cervelle,
Vous prendrez d'autres soins. Adieu, jusqu'au revoir.
Voilà ce que j'avois à vous faire savoir.

VALÈRE.

Ergaste, que dis-tu d'une telle aventure?

SGANARELLE.

Le voilà bien surpris.

ERGASTE, à part.

Selon ma conjecture,

Je tiens qu'elle n'a rien de déplaisant pour vous,
Qu'un mystère assez fin est caché là-dessous,
Et qu'enfin cet avis n'est pas d'une personne

Qui veuille voir cesser l'amour qu'elle vous donne.

SGANARELLE, *à part.*

Il en tient comme il faut.

VALÈRE.

Tu crois mystérieux...

ERGASTE.

Oui... mais il nous oberve ; ôtons-noùs de ses yeux.

SGANARELLE.

Que sa confusion paroît sur son visage !
Il ne s'attendoit pas, sans doute, à ce message.
Appelons Isabelle. Elle montre le fruit
Que l'éducation dans une âme produit :
La vertu fait ses soins, et son cœur s'y consomme
Jusques à s'offenser des seuls regards d'un homme.

SCÈNE III

ISABELLE, SGANARELLE.

ISABELLE.

J'ai peur que cet amant, plein de sa passion,
N'ait pas de mon avis compris l'intention,
Et j'en veux, dans les fers où je suis prisonnière,
Hasarder un qui parle avec plus de lumière.

SGANARELLE.

Me voilà de retour.

ISABELLE.

Hé bien ?

SGANARELLE.

Un plein effet

A suivi tes discours, et ton homme a son fait.
Il me vouloit nier que son cœur fût malade;
Mais, lorsque de ta part j'ai marqué l'ambassade,
Il est resté d'abord et muet et confus,
Et je ne pense pas qu'il y revienne plus.

ISABELLE.

Ha! que me dites-vous? J'ai bien peur du contraire,
Et qu'il ne nous prépare encor plus d'une affaire.

SGANARELLE.

Et sur quoi fondes-tu cette peur que tu dis?

ISABELLE.

Vous n'avez pas été plus tôt hors du logis
Qu'ayant, pour prendre l'air, la tête à ma fenêtre,
J'ai vu dans ce détour un jeune homme paraître,
Qui d'abord, de la part de cet impertinent,
Est venu me donner un bonjour surprenant,
Et m'a droit dans ma chambre une boîte jetée,
Qui renferme une lettre en poulet cachetée.
J'ai voulu sans tarder lui rejeter le tout,
Mais ses pas de la rue avoient gagné le bout,
Et je m'en sens le cœur tout gros de fâcherie.

SGANARELLE.

Voyez un peu la ruse et la friponnerie!

ISABELLE.

Il est de mon devoir de faire promptement
Reporter boîte et lettre à ce maudit amant,
Et j'aurois pour cela besoin d'une personne...

Car d'oser à vous-même...

SGANARELLE.

Au contraire, mignonne :

C'est me faire mieux voir ton amour et ta foi,
Et mon cœur avec joie accepte cet emploi.
Tu m'obliges par là plus que je ne puis dire.

ISABELLE.

Tenez donc...

SGANARELLE.

Bon, voyons ce qu'il a pu t'écrire.

ISABELLE.

Ah ! Ciel, gardez-vous bien de l'ouvrir.

SGANARELLE.

Et pourquoi ?

ISABELLE.

Lui voulez-vous donner à croire que c'est moi ?
Une fille d'honneur doit toujours se défendre
De lire les billets qu'un homme lui fait rendre ;
La curiosité qu'on fait lors éclater
Marque un secret plaisir de s'en ouïr conter,
Et je treuve à propos que toute cachetée
Cette lettre lui soit promptement reportée,
Afin que d'autant mieux il connoisse aujourd'hui
Le mépris éclatant que mon cœur fait de lui,
Que ses feux désormais perdent toute espérance
Et n'entreprennent plus pareille extravagance.

SGANARELLE.

Certes elle a raison lorsqu'elle parle ainsi.
Va, ta vertu me charme, et ta prudence aussi ;

Je vois que mes leçons ont germé dans ton âme,
Et tu te montres digne enfin d'être ma femme.

ISABELLE.

Je ne veux pas pourtant gêner votre désir :
La lettre est en vos mains, et vous pouvez l'ouvrir.

SGANARELLE.

Non, je n'ai garde. Hélas ! tes raisons sont trop bonnes,
Et je vais m'acquitter du soin que tu me donnes,
A quatre pas de là dire ensuite deux mots,
Et revenir ici te remettre en repos.

SCÈNE IV

SGANARELLE, ERGASTE.

SGANARELLE.

Dans quel ravissement est-ce que mon cœur nage,
Lorsque je vois en elle une fille si sage !
C'est un trésor d'honneur que j'ai dans ma maison.
Prendre un regard d'amour pour une trahison !
Recevoir un poulet comme une injure extrême,
Et le faire au galand reporter par moi-même !
Je voudrois bien savoir, en voyant tout ceci,
Si celle de mon frère en useroit ainsi.
Ma foi, les filles sont ce que l'on les fait être.
Holà !

ERGASTE.

Qu'est-ce ?

SGANARELLE.

Tenez, dites à votre maître
Qu'il ne s'ingère pas d'oser écrire encor
Des lettres qu'il envoie avec des boîtes d'or,
Et qu'Isabelle en est puissamment irritée.
Voyez, on ne l'a pas au moins décachetée :
Il connoîtra l'état que l'on fait de ses feux,
Et quel heureux succès il doit espérer d'eux.

SCÈNE V

VALÈRE, ERGASTE.

VALÈRE.

Que vient de te donner cette farouche bête ?

ERGASTE.

Cette lettre, Monsieur, qu'avecque cette boëte
On prétend qu'ait reçue Isabelle de vous,
Et dont elle est, dit-il, en un fort grand courroux ;
C'est sans vouloir l'ouvrir qu'elle vous la fait rendre.
Lisez vite, et voyons si je me puis méprendre.

LETTRE

Cette lettre vous surprendra sans doute, et l'on peut trouver
bien hardi pour moi et le dessein de vous l'écrire et la manière
de vous la faire tenir ; mais je me vois dans un état à ne plus
garder de mesures : la juste horreur d'un mariage dont je suis
menacée dans six jours me fait hasarder toutes choses, et, dans
la résolution de m'en affranchir par quelque voie que ce soit,
j'ai cru que je devois plutôt vous choisir que le désespoir. Ne

croyez pas pourtant que vous soyez redevable de tout à ma
mauvaise destinée : ce n'est pas la contrainte où je me treuve
qui a fait naître les sentiments que j'ai pour vous, mais c'est elle
qui en précipite le témoignage et qui me fait passer sur des
formalités où la bienséance du sexe oblige. Il ne tiendra qu'à
vous que je sois à vous bientôt, et j'attends seulement que vous
m'ayez marqué les intentions de votre amour pour vous faire
savoir la résolution que j'ai prise ; mais surtout songez que le
temps presse, et que deux cœurs qui s'aiment doivent s'entendre à demi-mot.

ERGASTE.

Hé bien ! Monsieur, le tour est-il d'original ?
Pour une jeune fille, elle n'en sait pas mal.
De ces ruses d'amour la croiroit-on capable ?

VALÈRE.

Ah ! je la trouve là tout à fait adorable ;
Ce trait de son esprit et de son amitié
Accroît pour elle encor mon amour de moitié,
Et joint aux sentiments que sa beauté m'inspire...

ERGASTE.

La dupe vient, songez à ce qu'il vous faut dire.

SCÈNE VI

SGANARELLE, VALÈRE, ERGASTE.

SGANARELLE.

Oh ! trois et quatre fois béni soit cet édit
Par qui des vêtements le luxe est interdit !
Les peines des maris ne seront plus si grandes,

Et les femmes auront un frein à leurs demandes.
Oh! que je sais au roi bon gré de ces décris!
Et que, pour le repos de ces mêmes maris,
Je voudrois bien qu'on fît de la coquetterie
Comme de la guipure et de la broderie!
J'ai voulu l'acheter, l'édit, expressément,
Afin que d'Isabelle il soit lu hautement,
Et ce sera tantôt, n'étant plus occupée,
Le divertissement de notre après-soupée.
Envoirez-vous encor, Monsieur aux blonds cheveux,
Avec des boîtes d'or des billets amoureux?
Vous pensiez bien trouver quelque jeune coquette
Friande de l'intrigue et tendre à la fleurette :
Vous voyez de quel air on reçoit vos joyaux.
Croyez-moi, c'est tirer votre poudre aux moineaux.
Elle est sage, elle m'aime, et votre amour l'outrage.
Prenez visée ailleurs, et troussez-moi bagage.

VALÈRE.

Oui, oui, votre mérite, à qui chacun se rend,
Est à mes vœux, Monsieur, un obstacle trop grand,
Et c'est folie à moi, dans mon ardeur fidèle,
De prétendre avec vous à l'amour d'Isabelle.

SGANARELLE.

Il est vrai, c'est folie.

VALÈRE.

Aussi n'aurois-je pas
Abandonné mon cœur à suivre ses appas
Si j'avois pu savoir que ce cœur misérable
Dût trouver un rival comme vous redoutable.

SGANARELLE.

Je le crois.

VALÈRE.

Je n'ai garde à présent d'espérer ;
Je vous cède, Monsieur, et c'est sans murmurer.

SGANARELLE.

Vous faites bien.

VALÈRE.

Le droit de la sorte l'ordonne ;
Et de tant de vertus brille votre personne
Que j'aurois tort de voir d'un regard de courroux
Les tendres sentiments qu'Isabelle a pour vous.

SGANARELLE.

Cela s'entend.

VALÈRE.

Oui, oui, je vous quitte la place ;
Mais je vous prie au moins, et c'est la seule grâce,
Monsieur, que vous demande un misérable amant
Dont vous seul aujourd'hui causez tout le tourment ;
Je vous conjure donc d'assurer Isabelle
Que, si depuis trois mois mon cœur brûle pour elle,
Cette amour est sans tache et n'a jamais pensé
A rien dont son honneur ait lieu d'être offensé.

SGANARELLE.

Oui.

VALÈRE.

Que, ne dépendant que du choix de mon âme,
Tous mes desseins étoient de l'obtenir pour femme,
Si les destins en vous, qui captivez son cœur,

N'opposoient un obstacle à cette juste ardeur.

SGANARELLE.

Fort bien.

VALÈRE.

Que, quoi qu'on fasse, il ne lui faut pas croire
Que jamais ses appas sortent de ma mémoire;
Que, quelque arrêt des Cieux qu'il me faille subir,
Mon sort est de l'aimer jusqu'au dernier soupir,
Et que, si quelque chose étouffe mes poursuites,
C'est le juste respect que j'ai pour vos mérites.

SGANARELLE.

C'est parler sagement, et je vais de ce pas
Lui faire ce discours qui ne la choque pas;
Mais, si vous me croyez, tâchez de faire en sorte
Que de votre cerveau cette passion sorte.
Adieu.

ERGASTE.

La dupe est bonne.

SGANARELLE.

Il me fait grand pitié,
Ce pauvre malheureux tout rempli d'amitié;
Mais c'est un mal pour lui de s'être mis en tête
De vouloir prendre un fort qui se voit ma conquête.

SCÈNE VII

SGANARELLE, ISABELLE.

SGANARELLE.

Jamais amant n'a fait tant de trouble éclater,
Au poulet renvoyé sans se décacheter;
Il perd toute espérance enfin, et se retire;
Mais il m'a tendrement conjuré de te dire
Que du moins, en t'aimant, il n'a jamais pensé
A rien dont ton honneur ait lieu d'être offensé,
Et que, ne dépendant que du choix de son âme,
Tous ses désirs étoient de t'obtenir pour femme,
Si les destins en moi, qui captive ton cœur,
N'opposoient un obstacle à cette juste ardeur;
Que, quoi qu'on puisse faire, il ne te faut pas croire
Que jamais tes appas sortent de sa mémoire;
Que, quelque arrêt des Cieux qu'il lui faille subir,
Son sort est de t'aimer jusqu'au dernier soupir,
Et que, si quelque chose étouffe sa poursuite,
C'est le juste respect qu'il a pour mon mérite.
Ce sont ses propres mots, et, loin de le blâmer,
Je le trouve honnête homme et le plains de t'aimer.

ISABELLE, *bas*.

Ses feux ne trompent point ma secrète croyance,
Et toujours ses regards m'en ont dit l'innocence.

SGANARELLE.

Que dis-tu?

ISABELLE.

Qu'il m'est dur que vous plaigniez si fort
Un homme que je hais à l'égal de la mort,
Et que, si vous m'aimiez autant que vous le dites,
Vous sentiriez l'affront que me font ses poursuites.

SGANARELLE.

Mais il ne savoit pas tes inclinations,
Et, par l'honnêteté de ses intentions,
Son amour ne mérite...

ISABELLE.

Est-ce les avoir bonnes,
Dites-moi, de vouloir enlever les personnes?
Est-ce être homme d'honneur de former des desseins
Pour m'épouser de force en m'ôtant de vos mains,
Comme si j'étois fille à supporter la vie
Après qu'on m'auroit fait une telle infamie?

SGANARELLE.

Comment?

ISABELLE.

Oui, oui, j'ai su que ce traître d'amant
Parle de m'obtenir par un enlèvement,
Et j'ignore, pour moi, les pratiques secrètes
Qui l'ont instruit sitôt du dessein que vous faites
De me donner la main dans huit jours au plus tard,
Puisque ce n'est que d'hier que vous m'en fîtes part;
Mais il veut prévenir, dit-on, cette journée
Qui doit à votre sort unir ma destinée.

SGANARELLE.

Voilà qui ne vaut rien.

ISABELLE.

Oh! que pardonnez-moi :
C'est un fort honnête homme, et qui ne sent pour moi...

SGANARELLE.

Il a tort, et ceci passe la raillerie.

ISABELLE.

Allez, votre douceur entretient sa folie.
S'il vous eût vu tantôt lui parler vertement,
Il craindroit vos transports et mon ressentiment :
Car c'est encor depuis sa lettre méprisée
Qu'il a dit ce dessein qui m'a scandalisée,
Et son amour conserve, ainsi que je l'ai su,
La croyance qu'il est dans mon cœur bien reçu,
Que je fuis votre hymen, quoi que le monde en croie,
Et me verrois tirer de vos mains avec joie.

SGANARELLE.

Il est fou.

ISABELLE.

Devant vous il sait se déguiser,
Et son intention est de vous amuser.
Croyez par ces beaux mots que le traître vous joue.
Je suis bien malheureuse, il faut que je l'avoue,
Qu'avecque tous mes soins pour vivre dans l'honneur
Et rebuter les vœux d'un lâche suborneur,
Il faille être exposée aux fâcheuses surprises
De voir faire sur moi d'infâmes entreprises.

SGANARELLE.

Va, ne redoute rien.

ISABELLE.

Pour moi, je vous le di,
Si vous n'éclatez fort contre un trait si hardi
Et ne trouvez bientôt moyen de me défaire
Des persécutions d'un pareil téméraire,
J'abandonnerai tout, et renonce à l'ennui
De souffrir les affronts que je reçois de lui.

SGANARELLE.

Ne t'afflige point tant, va, ma petite femme :
Je m'en vais le trouver et lui chanter sa gamme.

ISABELLE.

Dites-lui bien au moins qu'il le nieroit en vain,
Que c'est de bonne part qu'on m'a dit son dessein,
Et qu'après cet avis, quoi qu'il puisse entreprendre,
J'ose le défier de me pouvoir surprendre ;
Enfin, que, sans plus perdre et soupirs et moments,
Il doit savoir pour vous quels sont mes sentiments,
Et que, si d'un malheur il ne veut être cause,
Il ne se fasse pas deux fois dire une chose.

SGANARELLE.

Je dirai ce qu'il faut.

ISABELLE.

Mais tout cela d'un ton
Qui marque que mon cœur lui parle tout de bon.

SGANARELLE.

Va, je n'oublierai rien, je t'en donne assurance.

ISABELLE.

J'attends votre retour avec impatience ;
Hâtez-le, s'il vous plaît, de tout votre pouvoir :

Je languis quand je suis un moment sans vous voir.

SGANARELLE.

Va, pouponne, mon cœur, je reviens tout à l'heure.
Est-il une personne et plus sage et meilleure?
Ah! que je suis heureux, et que j'ai de plaisir
De trouver une femme au gré de mon désir!
Oui, voilà comme il faut que les femmes soient faites,
Et non comme j'en sais, de ces franches coquettes
Qui s'en laissent conter et font dans tout Paris
Montrer au bout du doigt leurs honnêtes maris.
Holà, notre galant aux belles entreprises!

SCÈNE VIII

VALÈRE, SGANARELLE, ERGASTE.

VALÈRE.

Monsieur, qui vous ramène en ce lieu?

SGANARELLE.

Vos sottises.

VALÈRE.

Comment?

SGANARELLE.

Vous savez bien de quoi je veux parler.
Je vous croyois plus sage, à ne vous rien celer:
Vous venez m'amuser de vos belles paroles,
Et conservez sous main des espérances folles.
Voyez-vous, j'ai voulu doucement vous traiter,

Mais vous m'obligerez à la fin d'éclater.
N'avez-vous point de honte, étant ce que vous êtes,
De faire en votre esprit les projets que vous faites,
De prétendre enlever une fille d'honneur,
Et troubler un hymen qui fait tout son bonheur?

VALÈRE.

Qui vous a dit, Monsieur, cette étrange nouvelle?

SGANARELLE.

Ne dissimulons point, je la tiens d'Isabelle,
Qui vous mande par moi, pour la dernière fois,
Qu'elle vous a fait voir assez quel est son choix,
Que son cœur, tout à moi, d'un tel projet s'offense,
Qu'elle mourroit plutôt qu'en souffrir l'insolence,
Et que vous causerez de terribles éclats
Si vous ne mettez fin à tout cet embarras.

VALÈRE.

S'il est vrai qu'elle ait dit ce que je viens d'entendre,
J'avouerai que mes feux n'ont plus rien à prétendre;
Par ces mots assez clairs je vois tout terminé,
Et je dois révérer l'arrêt qu'elle a donné.

SGANARELLE.

Si? Vous en doutez donc, et prenez pour des feintes
Tout ce que de sa part je vous ai fait de plaintes?
Voulez-vous qu'elle-même elle explique son cœur?
J'y consens volontiers pour vous tirer d'erreur.
Suivez-moi : vous verrez s'il est rien que j'avance,
Et si son jeune cœur entre nous deux balance.

SCÈNE IX

ISABELLE, SGANARELLE, VALÈRE.

ISABELLE.

Quoi! vous me l'amenez! Quel est votre dessein?
Prenez-vous contre moi ses intérêts en main,
Et voulez-vous, charmé de ses rares mérites,
M'obliger à l'aimer et souffrir ses visites?

SGANARELLE.

Non, mamie, et ton cœur pour cela m'est trop cher;
Mais il prend mes avis pour des contes en l'air,
Croit que c'est moi qui parle et te fais, par adresse,
Pleine pour lui de haine et pour moi de tendresse,
Et par toi-même enfin j'ai voulu sans retour
Le tirer d'une erreur qui nourrit son amour.

ISABELLE.

Quoi! mon âme à vos yeux ne se montre pas toute,
Et de mes vœux encor vous pouvez être en doute?

VALÈRE.

Oui, tout ce que Monsieur de votre part m'a dit,
Madame, a bien pouvoir de surprendre un esprit;
J'ai douté, je l'avoue, et cet arrêt suprême,
Qui décide du sort de mon amour extrême,
Doit m'être assez touchant pour ne pas s'offenser
Que mon cœur par deux fois le fasse prononcer.

ISABELLE.

Non, non, un tel arrêt ne doit pas vous surprendre,
Ce sont mes sentiments qu'il vous a fait entendre,
Et je les tiens fondés sur assez d'équité
Pour en faire éclater toute la vérité.
Oui, je veux bien qu'on sache, et j'en dois être crue,
Que le sort offre ici deux objets à ma vue,
Qui, m'inspirant pour eux différents sentiments,
De mon cœur agité font tous les mouvements.
L'un, par un juste choix où l'honneur m'intéresse,
A toute mon estime et toute ma tendresse,
Et l'autre, pour le prix de son affection,
A toute ma colère et mon aversion;
La présence de l'un m'est agréable et chère,
J'en reçois dans mon âme une allégresse entière,
Et l'autre par sa vue inspire dans mon cœur
De secrets mouvements et de haine et d'horreur;
Me voir femme de l'un est toute mon envie,
Et plutôt qu'être à l'autre on m'ôteroit la vie.
Mais c'est assez montrer mes justes sentiments
Et trop longtemps languir dans ces rudes tourments.
Il faut que ce que j'aime, usant de diligence,
Fasse à ce que je hais perdre toute espérance,
Et qu'un heureux hymen affranchisse mon sort
D'un supplice pour moi plus affreux que la mort.

SGANARELLE.

Oui, mignonne, je songe à remplir ton attente.

ISABELLE.

C'est l'unique moyen de me rendre contente.

SGANARELLE.

Tu la seras dans peu.

ISABELLE.

Je sais qu'il est honteux
Aux filles d'expliquer si librement leurs vœux.

SGANARELLE.

Point, point.

ISABELLE.

Mais, en l'état où sont mes destinées,
De telles libertés doivent m'être données,
Et je puis sans rougir faire un aveu si doux
A celui que déjà je regarde en époux.

SGANARELLE.

Oui, ma pauvre fanfan, pouponne de mon âme.

ISABELLE.

Qu'il songe donc, de grâce, à me prouver sa flamme.

SGANARELLE.

Oui, tiens, baise ma main.

ISABELLE.

Que, sans plus de soupirs,
Il conclue un hymen qui fait tous mes désirs,
Et reçoive en ce lieu la foi que je lui donne
De n'écouter jamais les vœux d'autre personne.

SGANARELLE.

Hai! hai! mon petit nez, pauvre petit bouchon,
Tu ne languiras pas longtemps, je t'en répond;
Va, chut! Vous le voyez, je ne lui fais pas dire,
Ce n'est qu'après moi seul que son âme respire.

VALÈRE.

Eh bien, Madame, eh bien, c'est s'expliquer assez ;
Je vois par ce discours de quoi vous me pressez,
Et je saurai dans peu vous ôter la présence
De celui qui vous fait si grande violence.

ISABELLE.

Vous ne me sauriez faire un plus charmant plaisir :
Car enfin cette vue est fâcheuse à souffrir,
Elle m'est odieuse, et l'horreur est si forte...

SGANARELLE.

Eh ! eh !

ISABELLE.

     Vous offensé-je en parlant de la sorte ?
Fais-je...

SGANARELLE.

     Mon Dieu, nenni, je ne dis pas cela ;
Mais je plains, sans mentir, l'état où le voilà,
Et c'est trop hautement que ta haine se montre.

ISABELLE.

Je n'en puis trop montrer en pareille rencontre.

VALÈRE.

Oui, vous serez contente, et dans trois jours vos yeux
Ne verront plus l'objet qui vous est odieux.

ISABELLE.

A la bonne heure. Adieu.

SGANARELLE.

     Je plains votre infortune ;
Mais...

VALÈRE.

Non, vous n'entendrez de mon cœur plainte aucune :
Madame, assurément, rend justice à tous deux,
Et je vais travailler à contenter ses vœux.
Adieu.

SGANARELLE.

Pauvre garçon ! sa douleur est extrême.
Tenez, embrassez-moi : c'est un autre elle-même.

SCÈNE X

ISABELLE, SGANARELLE.

SGANARELLE.

Je le tiens fort à plaindre.

ISABELLE.

Allez, il ne l'est point.

SGANARELLE.

Au reste, ton amour me touche au dernier point,
Mignonnette, et je veux qu'il ait sa récompense :
C'est trop que de huit jours pour ton impatience,
Dès demain je t'épouse, et n'y veux appeler...

ISABELLE.

Dès demain ?

SGANARELLE.

Par pudeur tu feins d'y reculer ;
Mais je sais bien la joie où ce discours te jette,
Et tu voudrois déjà que la chose fût faite.

ISABELLE.

Mais...

SGANARELLE.

Pour ce mariage allons tout préparer.

ISABELLE.

O Ciel! inspire-moi ce qui peut le parer.

ACTE III

SCÈNE PREMIÈRE

ISABELLE.

Oui, le trépas cent fois me semble moins à craindre
Que cet hymen fatal où l'on veut me contraindre,
Et tout ce que je fais pour en fuir les rigueurs
Doit trouver quelque grâce auprès de mes censeurs.
Le temps presse, il fait nuit ; allons, sans crainte aucune,
A la foi d'un amant commettre ma fortune.

SCÈNE II

SGANARELLE, ISABELLE.

SGANARELLE.

Je reviens, et l'on va pour demain de ma part...

ISABELLE.

O Ciel !

SGANARELLE.

C'est toi, mignonne? où vas-tu donc si tard?
Tu disois qu'en ta chambre, étant un peu lassée,
Tu t'allois renfermer, lorsque je t'ai laissée;
Et tu m'avois prié même que mon retour
T'y souffrît en repos jusques à demain jour.

ISABELLE.

Il est vrai, mais...

SGANARELLE.

Et quoi?

ISABELLE.

Vous me voyez confuse,
Et je ne sais comment vous en dire l'excuse.

SGANARELLE.

Quoi donc? que pourroit-ce être?

ISABELLE.

Un secret surprenant :
C'est ma sœur qui m'oblige à sortir maintenant,
Et qui, pour un dessein dont je l'ai fort blâmée,
M'a demandé ma chambre, où je l'ai renfermée.

SGANARELLE.

Comment?

ISABELLE.

L'eût-on pu croire? Elle aime cet amant
Que nous avons banni.

SGANARELLE.

Valère!

ISABELLE.

Éperdument.

C'est un transport si grand qu'il n'en est point de même,
Et vous pouvez juger de sa puissance extrême,
Puisque seule à cette heure elle est venue ici
Me découvrir à moi son amoureux souci,
Me dire absolument qu'elle perdra la vie
Si son âme n'obtient l'effet de son envie,
Que depuis plus d'un an d'assez vives ardeurs
Dans un secret commerce entretenoient leurs cœurs,
Et que même ils s'étoient, leur flamme étant nouvelle,
Donné de s'épouser une foi mutuelle.

SGANARELLE.

La vilaine !

ISABELLE.

Qu'ayant appris le désespoir
Où j'ai précipité celui qu'elle aime à voir,
Elle vient me prier de souffrir que sa flamme
Puisse rompre un départ qui lui perceroit l'âme,
Entretenir ce soir cet amant sous mon nom
Par la petite rue où ma chambre répond,
Lui peindre, d'une voix qui contrefait la mienne,
Quelques doux sentiments dont l'appas le retienne,
Et ménager enfin pour elle adroitement
Ce que pour moi l'on sait qu'il a d'attachement.

SGANARELLE.

Et tu trouves cela...

ISABELLE.

Moi, j'en suis courroucée.
« Quoi ! ma sœur, ai-je dit, êtes-vous insensée ?
Ne rougissez-vous point d'avoir pris tant d'amour

Pour ces sortes de gens qui changent chaque jour,
D'oublier votre sexe, et tromper l'espérance
D'un homme dont le Ciel vous donnoit l'alliance? »

SGANARELLE.

Il le mérite bien, et j'en suis fort ravi.

ISABELLE.

Enfin de cent raisons mon dépit s'est servi
Pour lui bien reprocher des bassesses si grandes,
Et pouvoir cette nuit rejeter ses demandes;
Mais elle m'a fait voir de si pressants désirs,
A tant versé de pleurs, tant poussé de soupirs,
Tant dit qu'au désespoir je porterois son âme
Si je lui refusois ce qu'exige sa flamme,
Qu'à céder malgré moi mon cœur s'est vu réduit;
Et, pour justifier cette intrigue de nuit
Où me faisoit du sang relâcher la tendresse,
J'allois faire avec moi venir coucher Lucrèce,
Dont vous me vantez tant les vertus chaque jour;
Mais vous m'avez surprise avec ce prompt retour.

SGANARELLE.

Non, non, je ne veux point chez moi tout ce mystère;
J'y pourrois consentir à l'égard de mon frère,
Mais on peut être vu de quelqu'un de dehors,
Et celle que je dois honorer de mon corps
Non seulement doit être et pudique et bien née,
Il ne faut pas que même elle soit soupçonnée.
Allons chasser l'infâme, et de sa passion...

ISABELLE.

Ah! vous lui donneriez trop de confusion,

Et c'est avec raison qu'elle pourroit se plaindre
Du peu de retenue où j'ai su me contraindre.
Puisque de son dessein je dois me départir,
Attendez que du moins je la fasse sortir.

SGANARELLE.

Eh bien, fais.

ISABELLE.

Mais surtout cachez-vous, je vous prie,
Et sans lui dire rien daignez voir sa sortie.

SGANARELLE.

Oui, pour l'amour de toi, je retiens mes transports;
Mais, dès le même instant qu'elle sera dehors,
Je veux, sans différer, aller trouver mon frère:
J'aurai joie à courir lui dire cette affaire.

ISABELLE.

Je vous conjure donc de ne me point nommer.
Bonsoir, car tout d'un temps je vais me renfermer.

SGANARELLE.

Jusqu'à demain, mamie. En quelle impatience
Suis-je de voir mon frère et lui conter sa chance!
Il en tient, le bonhomme, avec tout son phébus,
Et je n'en voudrois pas tenir vingt bons écus.

ISABELLE, *dans la maison.*

Oui, de vos déplaisirs l'atteinte m'est sensible,
Mais ce que vous voulez, ma sœur, m'est impossible:
Mon honneur, qui m'est cher, y court trop de hasard.
Adieu, retirez-vous avant qu'il soit plus tard.

SGANARELLE.

La voilà qui, je crois, peste de belle sorte.

De peur qu'elle revînt, fermons à clef la porte.

ISABELLE.

O Ciel, dans mes desseins ne m'abandonnez pas.

SGANARELLE.

Où pourra-t-elle aller? Suivons un peu ses pas.

ISABELLE.

Dans mon trouble, du moins, la nuit me favorise.

SGANARELLE.

Au logis du galant! Quelle est son entreprise?

SCÈNE III

VALÈRE, SGANARELLE, ISABELLE.

VALÈRE.

Oui, oui, je veux tenter quelque effort cette nuit
Pour parler... Qui va là?

ISABELLE.

Ne faites point de bruit,
Valère; on vous prévient, et je suis Isabelle.

SGANARELLE, *à part.*

Vous en avez menti, chienne, ce n'est pas elle;
De l'honneur, que tu fuis, elle suit trop les lois,
Et tu prends faussement et son nom et sa voix.

ISABELLE.

Mais, à moins de vous voir par un saint hyménée...

VALÈRE.

Oui, c'est l'unique but où tend ma destinée,

Et je vous donne ici ma foi que, dès demain,
Je vais où vous voudrez recevoir votre main.

SGANARELLE, à part.

Pauvre sot qui s'abuse!

VALÈRE.

Entrez en assurance :
De votre Argus dupé je brave la puissance,
Et, devant qu'il vous pût ôter à mon ardeur,
Mon bras de mille coups lui perceroit le cœur.

SGANARELLE.

Ah! je te promets bien que je n'ai pas envie
De te l'ôter, l'infâme à ses feux asservie,
Que du don de ta foi je ne suis point jaloux,
Et que, si j'en suis cru, tu seras son époux.
Oui, faisons-le surprendre avec cette effrontée :
La mémoire du père, à bon droit respectée,
Jointe au grand intérêt que je prends à la sœur,
Veut que du moins on tâche à lui rendre l'honneur.
Holà!

SCÈNE IV

SGANARELLE, LE COMMISSAIRE, NOTAIRE et suite.

LE COMMISSAIRE.

Qu'est-ce?

SGANARELLE.

Salut, Monsieur le commissaire;

Votre présence en robe est ici nécessaire ;
Suivez-moi, s'il vous plaît, avec votre clarté.

LE COMMISSAIRE.

Nous sortions...

SGANARELLE.

Il s'agit d'un fait assez hâté.

LE COMMISSAIRE.

Quoi ?

SGANARELLE.

D'aller là dedans et d'y surprendre ensemble
Deux personnes qu'il faut qu'un bon hymen assemble :
C'est une fille à nous que, sous un don de foi,
Un Valère a séduite et fait entrer chez soi ;
Elle sort de famille et noble et vertueuse,
Mais...

LE COMMISSAIRE.

Si c'est pour cela, la rencontre est heureuse,
Puisqu'ici nous avons un notaire.

SGANARELLE.

Monsieur ?

LE NOTAIRE.

Oui, notaire royal.

LE COMMISSAIRE.

De plus homme d'honneur.

SGANARELLE.

Cela s'en va sans dire. Entrez dans cette porte,
Et sans bruit ayez l'œil que personne n'en sorte.
Vous serez pleinement contenté de vos soins ;
Mais ne vous laissez pas graisser la patte au moins.

LE COMMISSAIRE.

Comment! vous croyez donc qu'un homme de justice...

SGANARELLE.

Ce que j'en dis n'est pas pour taxer votre office.
Je vais faire venir mon frère promptement.
Faites que le flambeau m'éclaire seulement.
Je vais le réjouir, cet homme sans colère.
Holà !

SCÈNE V

ARISTE, SGANARELLE.

ARISTE.

Qui frappe? Ah! ah! que voulez-vous, mon frère?

SGANARELLE.

Venez, beau directeur, suranné damoiseau :
On veut vous faire voir quelque chose de beau.

ARISTE.

Comment?

SGANARELLE.

Je vous apporte une bonne nouvelle.

ARISTE.

Quoi?

SGANARELLE.

Votre Léonor, où, je vous prie, est-elle?

ARISTE.

Pourquoi cette demande? Elle est, comme je croi,

Au bal chez son amie.

SGANARELLE.

Eh! oui, oui, suivez-moi :
Vous verrez à quel bal la donzelle est allée.

ARISTE.

Que voulez-vous conter?

SGANARELLE.

Vous l'avez bien stylée :
« Il n'est pas bon de vivre en sévère censeur;
On gagne les esprits par beaucoup de douceur,
Et les soins défiants, les verrous et les grilles,
Ne font pas la vertu des femmes ni des filles;
Nous les portons au mal par tant d'austérité,
Et leur sexe demande un peu de liberté. »
Vraiment, elle en a pris tout son soûl, la rusée,
Et la vertu chez elle est fort humanisée.

ARISTE.

Où veut donc aboutir un pareil entretien?

SGANARELLE.

Allez, mon frère aîné, cela vous sied fort bien,
Et je ne voudrois pas, pour vingt bonnes pistoles,
Que vous n'eussiez ce fruit de vos maximes folles.
On voit ce qu'en deux sœurs nos leçons ont produit :
L'une fuit ce galant, et l'autre le poursuit.

ARISTE.

Si vous ne me rendez cette énigme plus claire...

SGANARELLE.

L'énigme est que son bal est chez monsieur Valère,
Que de nuit je l'ai vue y conduire ses pas,

Et qu'à l'heure présente elle est entre ses bras.

ARISTE.

Qui?

SGANARELLE.

Léonor.

ARISTE.

Cessons de railler, je vous prie.

SGANARELLE.

Je raille? Il est fort bon avec sa raillerie!
Pauvre esprit, je vous dis et vous redis encor
Que Valère chez lui tient votre Léonor,
Et qu'ils s'étoient promis une foi mutuelle
Avant qu'il eût songé de poursuivre Isabelle.

ARISTE.

Ce discours d'apparence est si fort dépourvu...

SGANARELLE.

Il ne le croira pas encore en l'ayant vu.
J'enrage! Par ma foi, l'âge ne sert de guère
Quand on n'a pas cela.

　　(Il met le doigt sur son front.)

ARISTE.

　　　　Quoi! vous voulez, mon frère...?

SGANARELLE.

Mon Dieu, je ne veux rien; suivez-moi seulement:
Votre esprit tout à l'heure aura contentement;
Vous verrez si j'impose, et si leur foi donnée
N'avoit pas joint leurs cœurs depuis plus d'une année.

ARISTE.

L'apparence qu'ainsi, sans m'en faire avertir,

A cet engagement elle eût pu consentir,
Moi qui dans toute chose ai, depuis son enfance,
Montré toujours pour elle entière complaisance,
Et qui cent fois ai fait des protestations
De ne jamais gêner ses inclinations?

SGANARELLE.

Enfin vos propres yeux jugeront de l'affaire.
J'ai fait venir déjà commissaire et notaire :
Nous avons intérêt que l'hymen prétendu
Répare sur-le-champ l'honneur qu'elle a perdu :
Car je ne pense pas que vous soyez si lâche
De vouloir l'épouser avecque cette tache,
Si vous n'avez encor quelques raisonnements
Pour vous mettre au-dessus de tous les bernements.

ARISTE.

Moi, je n'aurai jamais cette foiblesse extrême
De vouloir posséder un cœur malgré lui-même;
Mais je ne saurois croire enfin...

SGANARELLE.

Que de discours !
Allons, ce procès-là continueroit toujours.

SCÈNE VI

LE COMMISSAIRE, LE NOTAIRE, SGANARELLE, ARISTE.

LE COMMISSAIRE.

Il ne faut mettre ici nulle force en usage,
Messieurs, et, si vos vœux ne vont qu'au mariage,
Vos transports en ce lieu se peuvent apaiser :
Tous deux également tendent à s'épouser,
Et Valère déjà, sur ce qui vous regarde,
A signé que pour femme il tient celle qu'il garde.

ARISTE.

La fille...

LE COMMISSAIRE.

Est renfermée, et ne veut point sortir
Que vos désirs aux leurs ne veuillent consentir.

SCÈNE VII

LE COMMISSAIRE, VALÈRE, LE NOTAIRE, SGANARELLE, ARISTE.

VALÈRE, *à la fenêtre.*

Non, Messieurs, et personne ici n'aura l'entrée
Que cette volonté ne m'ait été montrée.

Vous savez qui je suis, et j'ai fait mon devoir
En vous signant l'aveu qu'on peut vous faire voir;
Si c'est votre dessein d'approuver l'alliance,
Votre main peut aussi m'en signer l'assurance;
Sinon, faites état de m'arracher le jour
Plutôt que de m'ôter l'objet de mon amour.

SGANARELLE.

Non, nous ne songeons pas à vous séparer d'elle.
   (*A part.*)
Il ne s'est point encor détrompé d'Isabelle,
Profitons de l'erreur.

ARISTE.

Mais est-ce Léonor...

SGANARELLE.

Taisez-vous.

ARISTE.

Mais...

SGANARELLE.

Paix donc!

ARISTE.

Je veux savoir...

SGANARELLE.

Encor?

Vous tairez-vous? vous dis-je.

VALÈRE.

Enfin, quoi qu'il advienne,

Isabelle a ma foi, j'ai de même la sienne,
Et ne suis point un choix, à tout examiner,
Que vous soyez reçus à faire condamner.

ARISTE.

Ce qu'il dit là n'est pas...

SGANARELLE.

Taisez-vous, et pour cause :
Vous saurez le secret. Oui, sans dire autre chose,
Nous consentons tous deux que vous soyez l'époux
De celle qu'à présent on trouvera chez vous.

LE COMMISSAIRE.

C'est dans ces termes-là que la chose est conçue,
Et le nom est en blanc, pour ne l'avoir point vue.
Signez, la fille après vous mettra tous d'accord.

VALÈRE.

J'y consens de la sorte.

SGANARELLE.

Et moi, je le veux fort.
Nous rirons bien tantôt. Là, signez donc, mon frère :
L'honneur vous appartient.

ARISTE.

Mais quoi ! tout ce mystère...

SGANARELLE.

Diantre ! que de façons ! Signez, pauvre butor.

ARISTE.

Il parle d'Isabelle, et vous de Léonor.

SGANARELLE.

N'êtes-vous pas d'accord, mon frère, si c'est elle,
De les laisser tous deux à leur foi mutuelle ?

ARISTE.

Sans doute.

SGANARELLE.

Signez donc; j'en fais de même aussi.

ARISTE.

Soit, je n'y comprends rien.

SGANARELLE.

Vous serez éclairci.

LE COMMISSAIRE.

Nous allons revenir.

SGANARELLE.

Or çà, je vais vous dire
La fin de cette intrigue.

SCÈNE VIII

LÉONOR, LISETTE, SGANARELLE, ARISTE.

LÉONOR.

O l'étrange martyre !
Que tous ces jeunes fous me paroissent fâcheux !
Je me suis dérobée au bal pour l'amour d'eux.

LISETTE.

Chacun d'eux près de vous veut se rendre agréable.

LÉONOR.

Et moi, je n'ai rien vu de plus insupportable,
Et je préférerois le plus simple entretien
A tous les contes bleus de ces diseurs de rien.
Ils croyent que tout cède à leur perruque blonde,

Et pensent avoir dit le meilleur mot du monde
Lorsqu'ils viennent, d'un ton de mauvais goguenard,
Vous railler sottement sur l'amour d'un vieillard ;
Et moi, d'un tel vieillard je prise plus le zèle
Que tous les beaux transports d'une jeune cervelle.
Mais n'aperçois-je pas...

SGANARELLE.

Oui, l'affaire est ainsi.
Ah ! je la vois paroître, et la servante aussi.

ARISTE.

Léonor, sans courroux, j'ai sujet de me plaindre :
Vous savez si jamais j'ai voulu vous contraindre,
Et si plus de cent fois je n'ai pas protesté
De laisser à vos vœux leur pleine liberté ;
Cependant votre cœur, méprisant mon suffrage,
De foi comme d'amour à mon insu s'engage.
Je ne me repens pas de mon doux traitement ;
Mais votre procédé me touche assurément,
Et c'est une action que n'a pas méritée
Cette tendre amitié que je vous ai portée.

LÉONOR.

Je ne sais pas sur quoi vous tenez ce discours ;
Mais croyez que je suis de même que toujours,
Que rien ne peut pour vous altérer mon estime,
Que toute autre amitié me paroîtroit un crime,
Et que, si vous voulez satisfaire mes vœux,
Un saint nœud dès demain nous unira nous deux.

ARISTE.

Dessus quel fondement venez-vous donc, mon frère...?

SGANARELLE.

Quoi! vous ne sortez pas du logis de Valère?
Vous n'avez point conté vos amours aujourd'hui?
Et vous ne brûlez pas depuis un an pour lui?

LÉONOR.

Qui vous a fait de moi de si belles peintures,
Et prend soin de forger de telles impostures?

SCÈNE IX

ISABELLE, VALÈRE, LE COMMISSAIRE,
LE NOTAIRE, ERGASTE, LISETTE,
LÉONOR, SGANARELLE, ARISTE.

ISABELLE.

Ma sœur, je vous demande un généreux pardon,
Si de mes libertés j'ai taché votre nom :
Le pressant embarras d'une surprise extrême
M'a tantôt inspiré ce honteux stratagème.
Votre exemple condamne un tel emportement;
Mais le sort nous traita nous deux diversement.

(A Sganarelle.)

Pour vous, je ne veux point, Monsieur, vous faire excuse:
Je vous sers beaucoup plus que je ne vous abuse.
Le Ciel pour être joints ne nous fit pas tous deux;
Je me suis reconnue indigne de vos vœux,
Et j'ai bien mieux aimé me voir aux mains d'un autre
Que ne pas mériter un cœur comme le vôtre.

VALÈRE.

Pour moi, je mets ma gloire et mon bien souverain
A la pouvoir, Monsieur, tenir de votre main.

ARISTE.

Mon frère, doucement il faut boire la chose :
D'une telle action vos procédés sont cause ;
Et je vois votre sort malheureux à ce point
Que, vous sachant dupé, l'on ne vous plaindra point.

LISETTE.

Par ma foi, je lui sais bon gré de cette affaire,
Et ce prix de ses soins est un trait exemplaire.

LÉONOR.

Je ne sais si ce trait se doit faire estimer,
Mais je sais bien qu'au moins je ne le puis blâmer.

ERGASTE.

Au sort d'être cocu son ascendant l'expose,
Et ne l'être qu'en herbe est pour lui douce chose.

SGANARELLE.

Non, je ne puis sortir de mon étonnement ;
Cette déloyauté confond mon jugement,
Et je ne pense pas que Satan en personne
Puisse être si méchant qu'une telle friponne.
J'aurois pour elle au feu mis la main que voilà.
Malheureux qui se fie à femme après cela !
La meilleure est toujours en malice féconde ;
C'est un sexe engendré pour damner tout le monde.
J'y renonce à jamais, à ce sexe trompeur,
Et je le donne tout au diable de bon cœur.

ERGASTE.

Bon!

ARISTE.

Allons tous chez moi. Venez, Seigneur Valère ;
Nous tâcherons demain d'apaiser sa colère.

LISETTE, *au public.*

Vous, si vous connoissez des maris loups-garous,
Envoyez-les au moins à l'école chez nous.

NOTES

P. 18, 18. Sur *cadeaux*, voir la note de notre édition des *Précieuses*, p. 58, sur cette proposition de Mascarille à Jodelet : « Nous mènerions promener ces dames hors des portes, et leur donnerions un *cadeau* », c'est-à-dire un repas à la campagne.

— 26. *Visites muguettes.* L'odeur suave, pénétrante et printanière de la blanche fleur du *muguet*, en botanique *convallaria majalis*, a fait passer le nom de *muguet* aux jeunes élégants qui usaient beaucoup de ce parfum, d'où *muguette* appliqué aux femmes dans le même sens. On trouve dans les *Caquets de l'Accouchée*, qui sont du XVIIe siècle, que « une petite *muguette* de la rue Saint-Martin entra dans le logis ». Cette gracieuse épithète n'est pas l'adjectif de notre exemple, quoiqu'il ait la même étymologie. Cette autre acception de *muguet*, outre le nom de la plante, a signifié adjectivement parfumé, musqué. On a dit une noix *muguette* pour désigner la noix muscade. Les visites *muguettes* signifient, dans la bouche de Sganarelle, des visites parfumées, autrement dit des visites *de muguets*.

22, 2. On relève ici le substantif *godelureau* à raison des bizarres questions d'étymologie qu'il soulève. Certains dictionnaires le dérivent de *Vaudeluque*, en souvenir d'une sculpture conservée jadis en l'église du Saint-Sépulcre de Paris, et qui représentait le Christ en croix, copié d'après un original possédé par une église de Lucques. On l'appelait le Saint Voult de Lucques, *Sanctus Vultus de Luca*. Je n'aperçois pas clairement la transformation de *Vaudeluque* en *godelureau*. Cependant, le premier de ces mots était incontestablement connu au XVᵉ siècle. Mais il avait un contemporain beaucoup plus vraisemblable dans un autre mot, *galureau*, ainsi défini dans *la Nef des Fols* : « N'y a si méchant fils de laboureur au village qui ne veuille faire du *galureau*, porter chausses et habits bigarrés et le grand plumail au chapeau, qui est chose aussi bien advenante que mettre chausses trappes en un sac. » Quelle ressemblance peut-on trouver entre le Christ mourant sur la croix et un galant de village, vêtu d'habits bigarrés et portant une plume à son chapeau? La forme *galureau* renferme au contraire le radical *gal*, qui implique l'idée de réjouissance et de magnificence, et qui se trouve dans l'ancien verbe *galer*, se réjouir, avec son participe présent *galant*, devenu usuel dans la langue moderne. Une autre variante, *goguelureau*, à laquelle appartient *goguelu*, très connu dans les chansons et les caricatures du temps de Louis XIII, était employée dès le XVIᵉ siècle dans les *Contes* d'Eutrapel et est enregistré dans le *Dictionnaire* de Monet. On y retrouve un autre radical *gogue*, qui, de même que le radical *gale*, de *galureau*, implique une idée de fête et de réjouissance, d'où *goguette*, *goguenard*, *gogo*, etc. « Et ne disoit jamais une parole, puis que estoit en *gogues*, qu'elle n'apportast avec elle son ris. » (*Cent nouvelles Nouvelles* de Louis XI, XXIX.) Nous voilà un peu loin de la passion de N.-S. Jésus-Christ.

22, 20. « J'ai le *bien* d'être de vos voisins. » On dit aujourd'hui « avoir l'avantage » ou « l'honneur ».

Si le bien *de vous voir m'étoit moins précieux.*

CORNEILLE, *Nicomède*, acte II, sc. II.

« Je ferois exprès ce voyage pour avoir le *bien* de vous embrasser. » (Balzac, liv. VI, lettre II.)

23, 5. Le dauphin, dit le Grand Dauphin, l'aîné des fils de Louis XIV. L'allusion est quelque peu prématurée : la pièce est du mois de juin 1661, et ce prince ne vint au monde que le 1ᵉʳ novembre suivant.

— 26, et 39, 9. *Après-soupée*. Comme *après-dînée*, *après-midi*, etc. Le mot était d'usage courant; on le trouve dans la lettre CXLVII de Mme de Sévigné : « *L'après-soupée se passa en jeu, en conversation.* »

24, 6. Le *repart* brusque, forme ancienne de *repartie* : « à l'essay et *repart* de vos paroles ». (Pasquier, *Lettres*.)

25, 5. Se *parants*, participe présent de *parer*, rime ici avec soupirants. C'est une dernière trace, et très rare, de l'ancienne orthographe, dans laquelle les participes présents étaient soumis, comme les adjectifs, aux règles du singulier et du pluriel.

34, 20. « Et m'a, droit dans ma chambre, une *boîte jetée* », pour jeté une boîte. C'est une ancienne forme, qui n'a disparu qu'au XVIIIe siècle, qui fait accorder le participe avec son régime, lorsque ce régime le précède, ce qui n'a guère lieu qu'en vers. Je ne citerai que deux exemples :

Quand les tièdes zéphyrs ont l'herbe rajeunie,

c'est-à-dire « ont rajeuni l'herbe », a dit La Fontaine dans ses Fables.

Aucun des poètes des XVIe et XVIIe siècles n'écrit autrement.

36, 18, et 42, 5. *Poulet* pour billet doux, plié dans la forme approximative d'un oiseau, ce qu'on appelle aujourd'hui une *cocotte*, amusement des enfants.

37, 14. *Avecque* cette boëte, et 65, 12, *avecque* cette tache. Le *que* complémentaire d'*avec* est considéré par Vaugelas comme une facilité légitime accordée aux poètes pour remplir la mesure du vers.

— 19. La lettre d'Isabelle doit être conférée avec celle de Rosine dans *le Barbier de Séville*, qui s'est directement inspiré de *l'École des Maris* et du *Sicilien* de Molière, comme aussi des *Folies amoureuses* de Regnard, arrangées dans le cadre d'*On ne s'avise jamais de tout*, opéra-comique de Sedaine.

39, 2. *Décris*. Les ordonnances relatives au cours légal des monnaies et aux marchandises dont l'autorité royale permettait le commerce public étaient *criées* à son de trompe par les carrefours ; le cours des monnaies était-il abaissé ou les marchandises étaient-elles interdites, elles étaient *décriées* publiquement avec les mêmes formalités. — Le décri somptuaire dont parle ici Sganarelle est un édit du 27 novembre 1660.

39, 17. *Trousser bagage.* Cette expression, d'apparence triviale, est absolument régulière. *Trousser* vient du radical latin *tortus*, de *torquere*, qui a formé l'italien *torciare*, et signifie tordre, attacher solidement :

> *Et, troussant mon paquet, de sauver ma personne.*
>> Régnier, *Sat.* XI.

« *Qu'est devenu Doris? — Il a troussé bagage.* »
>> La Fontaine, *l'Eunuque,* acte IV.

44, 2. *Oh! que pardonnez-moi.* — Locution fort singulière, qui résume cette pensée : « Oh! que non pas! pardonnez-moi de ne pas être de votre avis. » Elle se comprend sans qu'on puisse l'analyser logiquement, et je n'en connais pas d'autre exemple. C'est peut-être un idiotisme local, que Molière aura cueilli dans ses pérégrinations à travers les provinces. Elle a été omise par Génin dans son *Lexique de la langue de Molière,* et par Littré dans son grand *Dictionnaire* de la langue française.

48, 9. *Mamie,* c'est-à-dire *m'amie,* contraction de *ma amie,* et non pas *mon amie,* comme l'écrivent les modernes.

50, 25. *Pauvre petit bouchon.* C'est le diminutif de *bouche,* comme *peton* de pied, *valeton* de valet, *Pierron* de Pierre, etc. « Mot de cajolerie, dit Furetière, qu'on donne aux petits enfants, aux jeunes filles de basse condition. »

58, 21. Avec tout son *phébus.* Langage prétentieux qui éblouit les sots.

> *Que, sans parler* phébus, *je ferai le discours.*
>> Régnier, *Sat.* X.

> *Il faut feindre des maux, demander guérison,*
> *Donner sur le* phébus.
>> Corneille, *Mélite,* acte I.

— 22. En *tenir* vingt bons écus. Ce qui signifie pro-

prement je ne le prendrais pour vingt bons écus. Cette
acception, qui rentre dans le vocabulaire du jeu : « Je fais
dix louis. — Je les tiens ! » a été omise dans les soixante et
onze acceptions du verbe *tenir*, cataloguées dans le dictionnaire de Littré.

61, 2. Suivez-moi... avec votre *clarté*, c'est-à-dire
votre *lanterne*. On a des exemples très anciens du mot
clarté pour flambeau, dans *Berte aux grans piés* (XIII° siècle)
et dans les poèmes de Charles d'Orléans (XV° siècle).

65, 14. *Bernement*, substantif très correctement fabri-
qué par Molière d'après le verbe *berner*, mais qui reste
d'exemple unique. On sait que *berner* veut dire au propre
faire sauter dans une couverture, appelée *bernia* en espagnol
et en italien, *bernie* en français, et dont le radical se
retrouve dans l'arabe *bernous* ou *burnous*.

69, 18. Léonor, poursuivie par de jeunes fous, qui lui
paraissaient fâcheux, dit qu'elle a quitté le bal *pour l'amour*
d'eux. « Faire quelque chose *pour l'amour* de quelqu'un »
est traduit ici par *à cause* de quelqu'un, et le sens dérivé
aboutit exactement au contraire du sens normal. C'est ainsi
qu'on dit par plaisanterie : « *jouir* d'une mauvaise santé. »

72, 16. Ergaste dit irrévérencieusement de Sganarelle :

Au sort d'être cocu son ascendant l'expose.

Ascendant est ici un terme d'astrologie; *l'ascendant* est le
signe du zodiaque qui monte sur l'horizon au premier
instant de la naissance d'un enfant. -

> *Quel astre d'ire et d'envie*
> *Quand vous naissiez marquoit votre ascendant !*
>
> MALHERBE, V, 27.

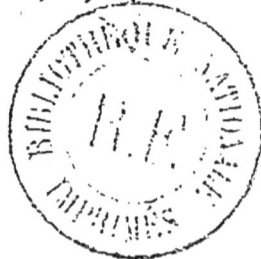

A PARIS

DES PRESSES DE D. JOUAUST

Rue de Lille, 7

LES PIÈCES DE MOLIÈRE

PUBLIÉES SÉPARÉMENT

Avec Dessins de Louis Leloir, gravés par Champollion

NOTICES ET NOTES PAR AUGUSTE VITU

En vente : *L'Étourdi*, 6 fr. — *Dépit amoureux*, 6 fr. — *Les Précieuses ridicules*, 4 fr. 50. — *Sganarelle, ou le Cocu imaginaire*, 4 fr. 50. — *Dom Garcie de Navarre*, 5 fr. 50.

Sous presse : *Les Fâcheux*.

DANS LE MÊME FORMAT

PETITE BIBLIOTHÈQUE ARTISTIQUE

Comprenant actuellement 100 volumes

Derniers ouvrages publiés :

DIABLE AMOUREUX, grav. de LALAUZE. 1 vol.   20 fr.

CONTES D'HOFFMANN, grav. de LALAUZE. 2 v.   36 fr.

LES AMOURS DE FAUBLAS, dessins d'AVRIL, gravés par MONZIÈS. 5 vol. . . . .   60 fr.

DON QUICHOTTE, dessins de J. WORMS, gravés par DE LOS RIOS. 6 vol. . . . .   75 fr.

CONTES DE LA FONTAINE, dessins d'ED. DE BEAUMONT, gravés par BOILVIN. 2 vol. . . . .   35 fr.

FABLES DE LA FONTAINE, dessins d'ÉMILE ADAN, gravés par LE RAT. 2 vol. . . . .   40 fr.

LETTRES PERSANES, de Montesquieu, dessins d'ED. DE BEAUMONT, gravés par BOILVIN. 2 vol. . . . .   30 fr.

FABLES DE FLORIAN, dessins d'ÉMILE ADAN, gravés par LE RAT. . . . .   20 fr.

WERTHER, de Gœthe, gravures de LALAUZE. . .   20 fr.

LES QUINZE JOYES DE MARIAGE, 21 gravures de LALAUZE imprimées dans le texte. . . . .   30 fr.

MES PRISONS, dess. de BRAMTOT, gr. par TOUSSAINT.   20 fr.

LES CAQUETS DE L'ACCOUCHÉE, 14 gravures de LALAUZE imprimées dans le texte. . . . .   25 fr.

LE VICAIRE DE WAKEFIELD, gravures de LALAUZE, 2 vol. . . . .   25 fr.

NOTA. — *Ces prix sont ceux du format in-16, pap. de Hollande. — Voir le Catalogue de la Librairie pour la liste complète de la collection et les exemplaires de grand luxe.*

www.ingramcontent.com/pod-product-compliance
Lightning Source LLC
Chambersburg PA
CBHW060624100426
42744CB00008B/1485